U0871166

主力不传之秘技

（台）吕佳霖　著

地震出版社
Seismological Press

图书在版编目（CIP）数据

主力不传之秘技/吕佳霖著．—北京：地震出版社，
2015.2（2015.5 重印）
ISBN 978-7-5028-4492-9

Ⅰ.①主…　Ⅱ.①吕…　Ⅲ.①股票投资—基本知识
Ⅳ.①F830.91

中国版本图书馆 CIP 数据核字（2014）第 268512 号

地震版　XM3542

著作权合同登记　图字：01—2014—7653

主力不传之秘技

（台）吕佳霖　著

责任编辑：朱　叶
责任校对：孔景宽

出版发行：地震出版社
北京市海淀区民族大学南路 9 号　邮编：100081
发行部：68423031　68467993　传真：88421706
门市部：68467991　传真：68467991
总编室：68462709　68423029　传真：68455221
证券图书事业部：68426052　68470332
http://www.dzpress.com.cn
E-mail：zqbj68426052@163.com
经销：全国各地新华书店
印刷：廊坊市华北石油华星印务有限公司

版（印）次：2015 年 2 月第一版　2015 年 5 月第二次印刷
开本：787×1092　1/16
字数：219 千字
印张：14.75
书号：ISBN 978-7-5028-4492-9/F（5183）
定价：38.00 元

推荐序一

扎实的短、中、长线股市趋势实战

“有钱人想的跟你不一样。”这句话已经成为一句名言，它的目的是告诉你应该改变老土的理财方式——光靠利息收入是永远无法踏进有钱人之门的。以银行而言，一年活期利息年利率约0.4%，定期利息年利率不过2.5%左右，即使复利算法也不可能成为有钱人，这便突显出投资理财的重要性。

投资与赌博绝对是不同的概念，“赌博”靠的是运气，“投资”靠的是知识。你我也许都不是老板，投资道路还是需要靠政府所指定的股票市场为渠道。投资之道就好比开一家好公司，赚钱就继续开分公司→股市哲学则是不断加码买进；相对的，开一家赔钱的公司后，是不会想开分公司→投资哲学则是不应该摊平买进。

全球股市与基金已经进入战国时代，作手的养、套、杀手法的历史却不断在重演，一般的散户只能成为市场的待宰羔羊。时代不断进步，如果你仍是市场的输家，是不是应该充实知识，不要再当95%的平凡人，而是积极靠投资理财或经营公司，成为5%的有钱人呢？

作者nincys的股市投资著作《主力不传之秘技》，有扎实的技术分析与心法，非常适合技术分析初学者与爱好者阅读，只要读者在此学到适合自己的一招，便不枉购买此书。司令希望读者在投资理财的路上，多学多看再行动，不要再当股市投资中的肥羊，任人宰割。

当今社会谈到股票，总是负面消息居多，认为基金才是投资的对象，这是很严重的偏见。人不学不知“道”，若是认为股市“随便买，随便赚”，当然会被股市洪流淹没；如果股市不能投资，就没有当今的理财大师——巴菲特。所以大家应该去除投资偏见，用心在投资理财这门课。牢记，天下没有免费的午餐，投资理财更是一种严谨且必须学习的知识，阅读后，希望大家形成自己的投资哲学，当个股市投资大赢家。

司令　新趋势大师　S－LI（刘建忠）

本推荐序作者为知名“台股投资达人”“股市司令”。著有《股市乾坤15战法》《小钱致富》《股市战神》《飙股九步》《选择权3招36式》。

推荐序二

过去20年，我看过关于股市方面的书应该不下千本，很多都是翻翻就放回架上，因为大多数的书籍都是互相抄袭，很少有自己的创意在其中。尤其技术分析的书籍，因为自己也浸淫其中，内容写的普通的书，可能不超过5分钟就知道其中写些什么，也没有购买的欲望。

看了nincys寄来的部分文稿，突然好久没有这种感觉，应该几分钟消化的内容，居然折腾我一个晚上！心中感动不已，股市好久没有这种好书了！

当年大学毕业典礼上，校长谈到大学毕业生中，大部分学到的都是理论；高工或高职毕业生却满脑子都是实务操作，如果能够相融合，一定能够成为成功者。勉励我们未来在职场多多学习实务。

我认为，这本书根本就是两者的结合，作者在文中仔细剖析技术指标的构造，耐心解释价格与指标，甚至于参数的关系，相信可以给对技术分析有偏见的人，一种豁然而解的感觉。

任何人只要拿到驾驶执照，几乎都可以上高速公路；开过几次后，也可以猛踩油门，当个神气的飙车手。可是赛车手大多是学机械工程的，对车子结构传输与性能的提升了如指掌。而一般人从开车的动作中却很难区分。

飙车手与赛车手都可以把车子开得飞快，可是灾难来临时，汽车性能传递的警讯与相对的应变，是赛车手避开危险的职业特性。意外发生时，一次就足够了。

股市也差不多，如果你过去对技术分析有偏见，建议你从这本书开始，它会重拾你的信心！

龟爷（王阳生）

本推荐序作者著有《指标会说话》。

推荐序三

可能因为我自己是一名技术分析的拥护者与爱好者，因此在拜读nincys君寄来的稿件时，感觉相当轻松也能融入情境。但即使排除我自己的经验，相信读者们也能够从书中得到相同的体验。

这不是一本老调重弹的书，而是借由个人操盘领悟，重新诠释既有技术指标与形态的经验分享，有别于一般人将技术分析定义为统计学的领域。由于我个人一直把技术分析视为一门艺术，因此技术分析更像一件艺术品或一幅画，随着个人心境与角度的不同，对技术分析解答的理解自然也不同。

或许部分人可能认为我刻意把技术分析模糊化，目的是为了方便未来回避技术分析所出现的某些敏感挫折。然而，除了这原本就是一个天大的误解之外，对于市场上之所以出现这样的声音，正好也是技术分析同行们，必须更加努力与提出更多论证加以澄清之处。

这本书收录了很多市场上已被广泛使用的技术分析，nincys君以个人独到的观察力，分别对其提出了更贴近当下环境的应用新解。无论你是一位老技术分析派还是技术分析新手，如果你不是一位固执己见的顽固投资人，我相信，透过阅读nincys君的个人领悟，可以让你轻松体悟到别人截然不同的市场观察角度。

邱一平（七卡）

本推荐序作者现为上海中广信息传播咨询有限公司之执行董事长，著有《头部与底部的秘密》。

推荐序四

股期市耗尽多少英雄好汉，期指折煞多少人，使人为之茶不思饭不想，汲汲营营，思考如何战胜股期市。股海浩瀚无比，期指变幻莫测，股期市人生之喜怒哀乐严酷无比，股海需明灯，期指需罗盘。

股市能致富、期指能为富；股市如何致富、期指如何为富，在于“心”，一颗对待股期市之“心”。股期市难吗？非难也！难在心，难在无人指引、无人解说、无人可告知股期市操作秘诀何在。

欲胜股期，“心”先建立，“心”如何看待股期，已然决定大半胜负。“心”说股期困难无比，股期便以困境无比的状态呈现于你；“心”倾股期是容易的，股期财富摊现于眼前。一切都在心，“心”先沉定，技术于后，明师引领窥视技术奥妙殿堂，多空走势一目了然！

股期市不过是 1/2 边多空的呈现，多空 1/2 费尽不得其门而入之人，多少岁月损耗？多少金钱无辜奉献？不懂技巧、不求诀窍，股期单纯 1/2 边难以处置、难以捉摸。股期需明师指点，明师何其多？明师技巧各自不同、各怀绝技，但明师愿说者，寥寥无几！

nincys 不愿再见初涉股期者，于无人能引以窥视与理解股期操作窍门之下，抱股期市淘金梦，却只换得资金日渐罄竭，任由盘面无情蹂躏、铩羽而归。

股期市中，“期指”为近年来台湾新兴金融衍生性产品，属高风险理财品种。高风险非等同高报酬，高风险下需技术窍门、严守纪律、遵循规则，更需明师指点以循循教道，期指高风险才可等同于高报酬。nincys 将多年来师承自股期市公认顶级名师——胡任标先生之技术窍门，经融合消化，并于盘中印证再印证，进而修订更臻完美后，无私公之于世。

"期指"操作有依据程序交易、依纯技术看盘或凭直觉，而写程序交易也需技术以理解期指盘势动态何来，有何凭据，若无期市明师所具备的纯熟技术分析、技术窍门引领，编辑程序交易或使用市面上设计好的程序交易系统，其背后依据运作原理大概是什么！在没有获得优异的期市技术分析、窍门理解于心中的情况下，并与程序交易做相互印证比对，市面上程序交易使用能让人安心吗?

程序交易系统并非不能用，一套设计成功的期指程序交易系统是相当令人赞叹、激赏的，再完美的期指程序交易系统，盘中运用时多少会有瑕疵和不足之处，需技术本位破解与辅助。

期指操作获利的主要来源是技术分析的诀窍要点的发现与应用，这必须靠研发者盘中不断印证成功所转换。程序交易系统的编写窍门何在，为各家独门机密，外头是难以获得的。

由此可证，虽是秘诀，其根源却来自于理解或获得股期市技术分析窍门的指引与悟通。该如何具备，可花长时间自我摸索、缴交昂贵股市费用测试于股期所换得、最省时省力且立即获得好处的方式——吸收各期指过往成功者所累积的智慧结晶，或寻觅有人是否无私提供已习得之诀窍并公之于世。学习各成功者的经验虽是片段、零散的，且无系统性，但仍与连续性可获得期指获利窍门。

有谁愿无私提供所学、印证有效诀窍与有规则操作系列公之于世，如今谁愿成为公开"股票与期货该如何应用何种有效窍门与一系列印证有效之攻防策略"的前锋?抛砖引玉是辛苦的、毁誉参半的，其无私的贡献，并非皆能获得所有读者的共鸣与赞赏，但 nincys 愿将所学几近无私的公之于世，此情此怀已非如同我等还在暗地藏私者所能向背。

默默耕耘于股期市程序交易研究者，自我创立出一套真正的盘中即时飙股选股系统为目标的股市苦行者，唯 nincys 君也。

龙腾

推荐序五

屈指算来，从大学时代踏入股市，被股票玩，到今年刚好足足满20个年头。前10年，我操作股票的凭借，就是一副憨胆以及自以为非常第一手的电话线（内线），其结果当然可想而知。数不清的断头出场，加上阿Q式的自我安慰，屡败屡战、东山再起……这些名词我都已经用得滚瓜烂熟了。直到我惊觉，辛苦打工赚来的钱都吐了回去，要成家时却发现存款是空白的，我才开始觉悟：股市，不是赌徒的天堂，相反它却是赌徒的坟场。任何心怀一丝侥幸，想从这里抱走花花绿绿钞票的白日梦狂，最后总是尸骨无存。

于是我开始翻阅书籍，学习各种号称神准的技术分析指标，幻想学成之后，可以在市场里大显身手，把过去输掉的全部拿回来。结果，7年一过，我还是孑然一身。奇怪，为什么书上的指标用在举例的时候都超准，我拿来用的时候却也是超准（总是追进在头部，止损在底部）？于是，我又懂了，尽信书不如无书，书上讲的要是有效，那全市场都能赚钱了。那些能在这个市场里赚到钱的人，到底靠的是什么呢？除了筹码面、心理面、基本面，难道他们的技术与众不同？

直到遇见nincys我才恍然大悟，水能载舟、亦能覆舟。同样的指标，同样的参数，在市场赢家的眼中，却有截然不同的看法。这就是市场为什么有95%的输家。原来唯一5%的赢家圈中，有一些关于技术指标的不传秘技。

一年前，偶然在聚财网拜读nincys的文章，对于nincys利用指标解读一些盘势现象与看法的思维惊为天人，从此之后成了购买nincys文章的常客。后来，更有幸得到nincys的亲自传授，对于指标的判读茅塞顿开：原来K线是要这样用的，原来均线是要这样用的，原来KD、MACD、RSI、WR是要这样用的……但是，说也奇怪，为什么每次听nincys的课，不同的指标，我却觉得好像已经听过好几次？原来nincys对于指标的观念不仅非常清楚，并且融会贯通到出神入化的地步。原来指标的用法，万变不离其宗，nincys的一个基本的观念与用法，就可以用在目前市面上，并且是绝大多数人使用的指标上面。

这本书从均线开始，探讨多空买卖力道的消长，到技术指标对应于盘势的研判，完全符合人性的心理面。nincys在书中所要表达的观念非常简单而直接，就是任何辅助的技术指标，都是由股价演化而来。而决定股价的，就是买方与卖方之间攻防的力道。正因为观念如此简单，任何一个人只要能看懂其中一种技术指标，就有机会在市场里乘风破浪，立于不败之地。

我一直想，nincys写这本书，将这些不传之秘公之于世，是不是就是泄露了天机？任何在市场上曾经吃过指标亏的投资者，只要买一本回家，好好把它读完，并且身体力行，就可以永远脱离追高杀低的梦魇。只是如此一来，我好不容易才可以离开那95%，走进赢家圈中，高枕无忧赚着市场里的钱，是否因为这本书的问世，又要再次与大家分享呢？

说实话，我心里真是一千万个不愿意让这本书公之于世的！

学员　drcold

自 序

Joe Torre："王建民不是一夕之间的奇迹。"告诉我们进入每一种行业，都需要不断努力且经历许多挫折与煎熬，但要有远见与正确的做人处事方法，争取第一名的目标，才会有所成就！所谓"心念有多大，成就就有多大"，做任何事情一定要有野心，就算最后没有进入第一名也有第二名；若没野心，只想有个温饱的日子就满足，最后通常无法如愿以偿。想法产生感觉，感觉产生执行力，执行后才会有结果。

做任何一种行业，至少都需一段专业训练时间，就读书来说至少需要2~4年的时间研读专业科目，而从新人到有实务经验至少也需要3~5年的磨炼。所以，要有独立思考与解决事情的能力，少说也要花5~8年以上。投资股票期货这门课程是否也应该如此呢？每个人都有其与生俱来的潜能，需要被开发与训练，就如《怒海潜将》里的教练，训练小古巴成为最顶尖的潜水员。遇到好的教练指导，其潜能便可以被教练开发出来，就如小古巴与王建民，但若他们没有想成功、想成为第一名的心念，也就不会有今天的成就。

在股市中，我很幸运能遇到胡任标老师的教导与激发潜能，才能在股市中学到正确的观念与思考逻辑，眼光也能看得比别人远，从简单的指标一直到师公李进财教授的生命K线与六大盘态、N字理论，等等。甚至还学到不为人知的力学秘技，此绝学可了解力道的连续性与抓关键变盘点，甚至可以于开盘后的两个折线推估当天的可能高低点，而尤以七律测目标法为力学之表现，目标之准只有赞叹啊！

在学习的过程中，很多人一直为诸多专有名词与基本概念所困扰，市面上的书籍也很少用简单的概念把指标推导出来。因此，我想一改往常写书的方式，从 K 线的开高低收道出多空均衡点，与用 K 线高低点做三分法判断当天的多空强弱力道；再从 K 线拆解与组合观念，推出威廉指标，并以威廉指标在股价波动原理导引出箱子由小变大的喷出段，与箱子由大变小转成盘整的现象；从一日收盘的连线则可推出均线的观念以及扣抵值的了解，判断何时均线才会有助涨与助跌的机会；从股价波动原理与波浪主升波为五波推动来讲解均线黄金交叉与死亡交叉的意义，并可以解释头部背离、底部背离的现象与判断趋势转折的方法；从简单的股价波动走趋势的现象，解释乖离的正确用法与抓回档或反弹的转折买点或空点，再从 RSI（强弱指标）配合股价波动原理，讲解轧空与杀多之现象；从正乖离与负乖离的观念讲解零乖上下面积的多空趋势研判观念，再从均线讲解 KD 指标之用法；从均线黄金交叉与死亡交叉与零乖上下面积的概念讲解最难懂的 MACD 的简单好用的方法。内容环环相扣，让我们开始进入技术分析的乐园吧！

爱因斯坦曾说：“时代不一样，答案也不一样。”除了不断求知求新外，还要不断改变，产生新的观念和想法，才能在股市中做一位永远的赢家。时代不同、做的股票也不同，力道不同、打击的方式也会不同，时时要有创新的想法与学习的心。注意观察，SONY 在创新的路上增进不少，若有看过 VAIO L 系列的薄型家用电脑，你就会发现创新的想法才是赚钱最快的方法，与各位读者共勉之！

在写书的路上，感谢众多朋友的支持与鼓励，文中若有疏漏之处，也请各位朋友不吝于指正与切磋。而若有不了解或不清楚之处，欢迎各位读者莅临笔者的网站讨论与切磋。网址：www. nincys. com，我们有读者讨论区，注册后即可进入讨论。最后感谢大家的支持与爱护，感恩！

nincys（吕佳霖）

目 录

第一章　以小窥大，剖析股价脉动原理及股市赢家的思考逻辑

一、K 线拆解与组合

二、K 线振幅

三、股价波动原理

四、威廉指标

五、箱体的观念

六、扣抵值的观念

七、助涨助跌的特性

八、金叉与死叉

九、乖离与背离

十、正乖离与负乖离

十一、绝对坐标与相对坐标

十二、指标钝化

一切都应顺势而为

所谓趋势即代表股价运行的方向，所以多头趋势应顺势做多，空头趋势应顺势放空。

举凡世界股市波动的运行趋势，不外乎以涨、盘、跌为区分，学习技术分析当然是需要更加明了其个中奥秘。

于是技术分析的领域中，又将涨、盘、跌的趋势中再细分出六大盘态：强轧空、轧空、盘坚、盘跌、杀多、强杀多。

涨

强轧空

当股价创新高时，出现空头完全没有抵抗的情形，且股价一路不回头，并出现连续上涨的走势（图 1－1）。

轧空

当股价创新高时，出现空头抵抗但抵抗失败，且股价不回头或是压回不破轧空低点，并持续出现上涨的走势。

图 1－1

盘

盘坚

当股价创新高时，出现空头抵抗而且抵抗成功，股价压回没有跌破关键支撑点，当股价获得支撑之后仍有创新高的走势（图1－2）。

盘跌

当股价创新低时，出现多头抵抗而且抵抗成功，股价反弹没有突破关键压力点，当股价受制于压力之后仍有创新低的走势。

图1－2

跌

杀多

当股价创新低时，出现多头抵抗但抵抗失败，且股价不反弹或是反弹不过杀多高点，并持续出现下跌的走势（图1－3）。

强杀多

当股价创新低时，出现多头完全没有抵抗的情形，且股价一路不回头，并持续出现连续下跌的走势。

多头趋势应顺势做多，空头趋势应顺势放空，众人皆知，但如何界定趋势的反转，在技术分析的领域中，确认末升低与末跌高则显的极为重要。

图 1－3

末升低

在上涨的趋势中，找最后过高点之前的低点（也就是两高中间的低点），作为趋势是否有所改变的判断。如图 1－4 所示。

图 1－4

末跌高

在下跌的趋势中，找最后破低点之前的高点（也就是两低中间的高点），作为趋势是否有所改变的判断。如图 1－5 和图 1－6 所示。

加权指数
100 2005/09/23 开5957.79↓高5973.72↓低5899.59↓收5925.54↓量2602770↓额6889797↓换0.00% 振1.2
6516.11
6516.1
6366.6
6217.0
6067.5
5918.0
5768.4
5618.9
5618.90
末跌高
奇狐胜券
10
11
12
日线

图1－5

加权指数
100 2003/02/14 开4562.24↓高4569.83↓低4463.06↓收4493.99↓量3227772↓额5579500↓换0.00% 振2.37% 涨(-13.97)
4867.23
末升低
末跌高
5100.0
5050.0
5000.0
4950.0
4900.0
4850.0
4800.0
4750.0
4700.0
4650.0
4600.0
4550.0
4500.0
4450.0
4463.0
奇狐胜券
2003
02
日线

图1－6

再谈末升低，多头趋势的简易定义就是低点越垫越高，涨多跌少屡创新高，而若有一天先破最后一个低点（末升低），反弹过不了最后一个高点，就有多头修正的疑虑，因此最后一个上涨趋势的低点称为末升低（图1－7）。此末升低为多头最后的防守点位，此点位若未破之前只有做多或分批减仓，没有做空的理由。这就是顺势而为，顺着盘势而做，守最后的防守点。

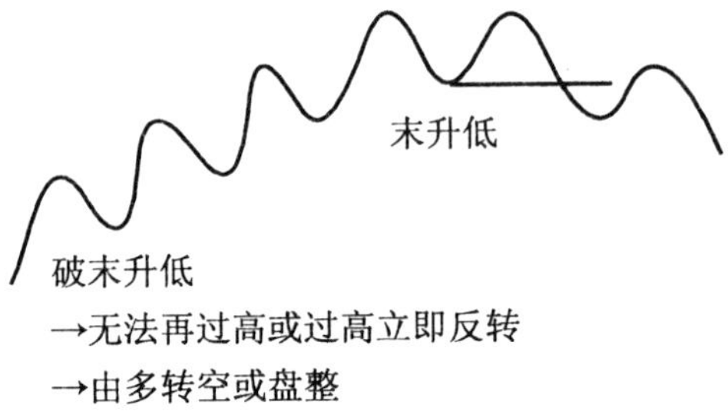

多头

图1－7

再谈末跌高，空头趋势的简易定义就是高点越跌越低，涨少跌多屡创新低，而若有一天先涨过最后一个高点（末跌高），拉回不破最后一个低点，就有打底回升的可能，因

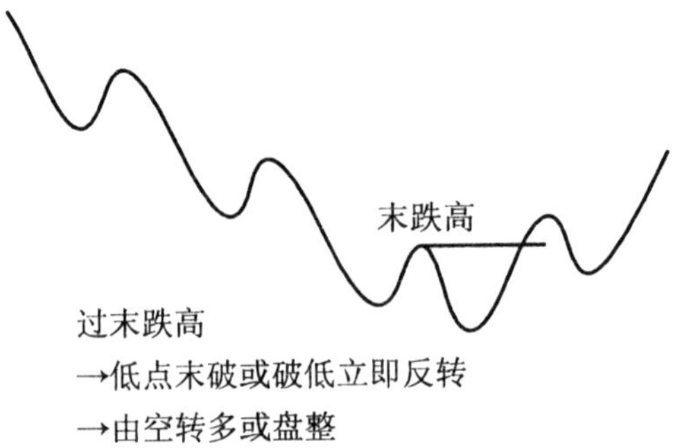

空头

图1－8

此最后一个下跌趋势的高点称为末跌高（图1－8）。此末跌高为空头最后的防守点位，此点位未过之前只有做空或分批回补，没有做多之理由。用这种思考模式操作，便不会因为猜低点而不断摊平受伤了。空头趋势下，绝不摊平进货，以免受伤。

由小窥大

1. K线的均衡

从K线的开、高、低、收，道出多空均衡点。

K线最早为日本人本间宗久所推广，一根K线由开盘价、最高价、最低价、收盘价组合而成。任何指标都是由K线的数值所计算出来，所谓“万法归一”，所以先从K线谈起将会延伸出一些指标的概念。日K线为当日多空交战后所呈现的结果，若收盘在高低点的1/2处，为多空势均力敌之多空均衡点（图1－9）。

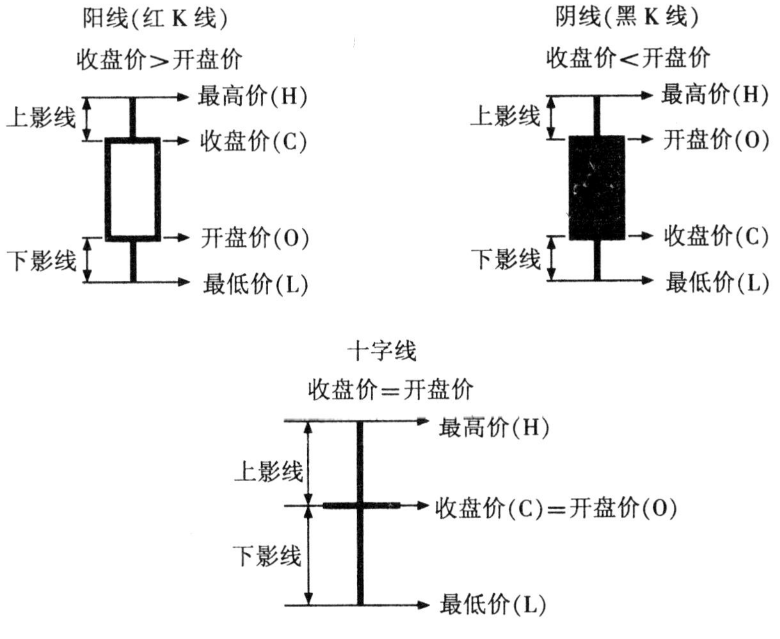

图1－9

2. K线的力道

将K线高低点做三分法，进而判断当天多空强弱力道。

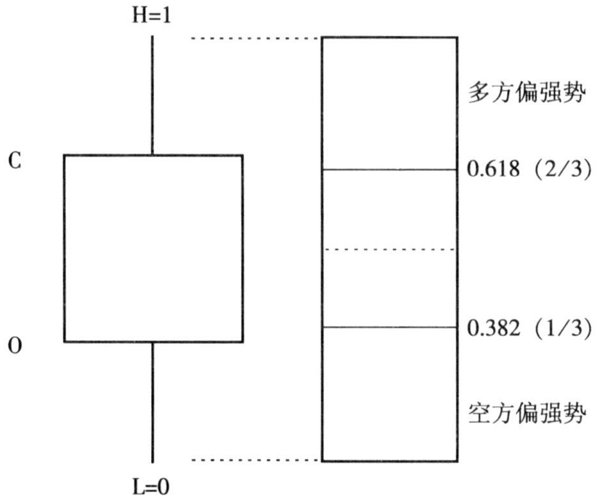

图1－10

区分K线的强弱时，通常会用三分法或黄金比率来判断。假设高点是1，低点是0时，其区间可分为0.666（0.618）、0.5、0.333（0.382）。收在0.5之上属于多方，收在0.666（0.618）以上叫作多方偏强势，收在0.5之下为空方，收在0.333（0.382）以下叫作空方偏强势（图1－10）。

一根K线中的多空均衡点、强势与弱势的观念便油然而生。

两根以上K线的判别模式，依据酒田战法分为很多形态。

（1）K线收敛与发散形态（图1－11）。

A. 收敛形态：

母子线就是子线的高低点收在母线的高低点之间，根据子线收阳或收阴，又有阳母子与阴母子的分别。如此分别是因为若子线收阳，则往上机会较大；子线收阴，往下机会较大。若再加上母线分成三分法之后，观察子线收在哪一个位置，这种

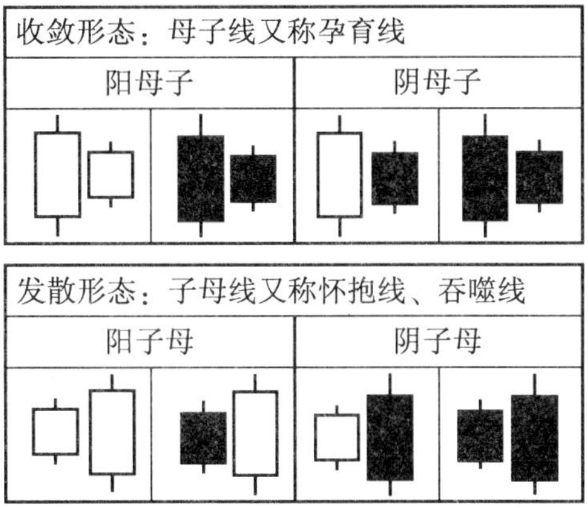

图 1－11

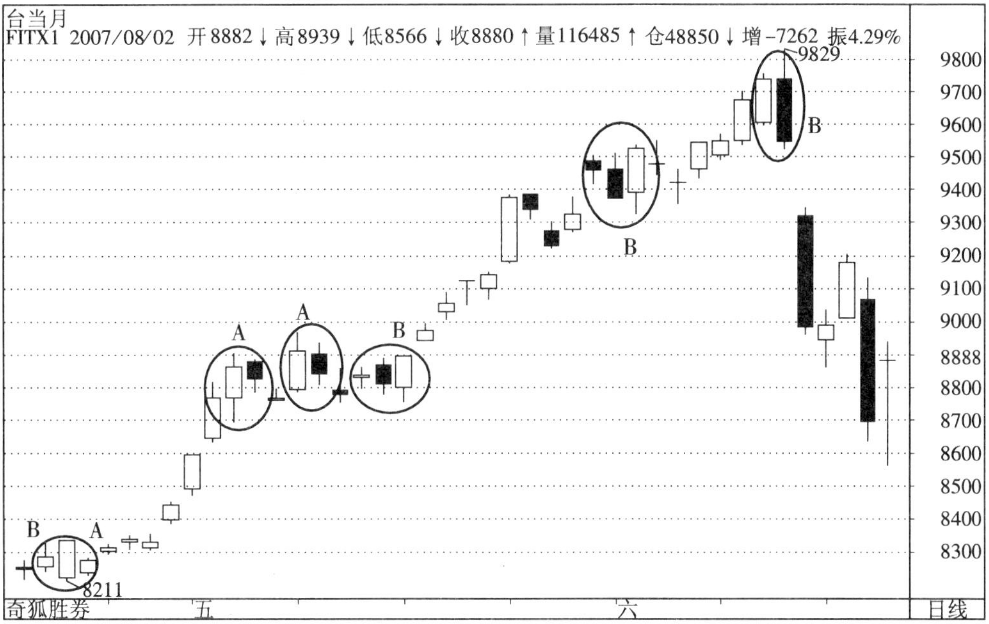

图 1－12

判断胜率会更大，因此母子线又称孕育线（图 1－12）。

B. 发散形态：

子母线就是母线的高低点怀抱在子线的高低点之间，根据母线收阳或收阴，又有阳子母与阴子母的分别，所以又称怀抱线、吞噬线。

C. 如何判断母子线与子母线：

在收敛或发散形态之中有两种可能，形成中继站或变盘。

①在上涨或下跌趋势中，因为涨多的拉回修正或跌多的反弹修正，而出现母子线或子母线，所以在修正之后会有继续往原趋势方向走的惯性。

②若在涨势末端或跌势末端发现母子线或子母线时，要注意往上或往下的变盘。

通常母高与母低就是压力与支撑，不论往上或往下，就是要有力道连续性的确认才是真的变盘，否则趋势还没改变之前，股价通常都会有往原趋势走的惯性。

（2）乌云罩顶与曙光初现（图 1－13）。

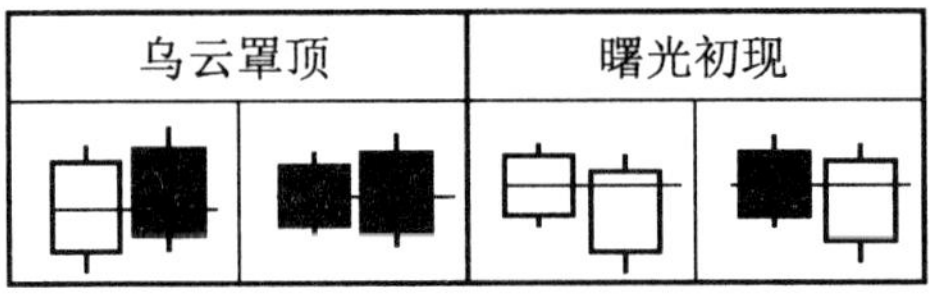

图 1－13

A. 乌云罩顶：

当日 K 线的收盘在前一日 K 线的均衡点之下，就是乌云罩顶的定义，代表前一日买进的人于当日收盘后，有一半以上的人都亏钱。但是要有第三根确认表态的 K 线支持乌云罩顶有连续性出现。

B. 曙光初现：

当日 K 线的收盘在前一日 K 线的均衡点之上，代表前一日买进的人于当日收盘后，有一半以上的人都赚钱。但是要有第三根确认表态的 K 线支持曙光初现有连续性出现。

不论是乌云罩顶或曙光初现，都需要往后的 K 线走势有连续性，才可以确认是否真的是乌云罩顶或曙光初现，也就

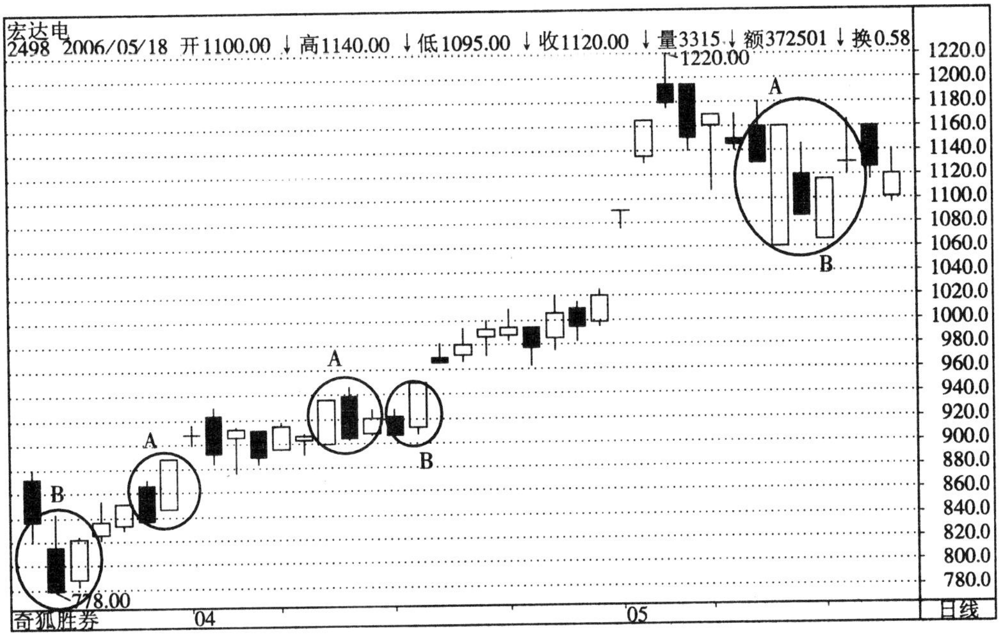

图 1－14

是说酒田战法任何 K 线的组合，都需要用后续的走势来确认我们的判断是否正确（图 1－14）。

（3）离黑战车与离白战车（图 1－15）。

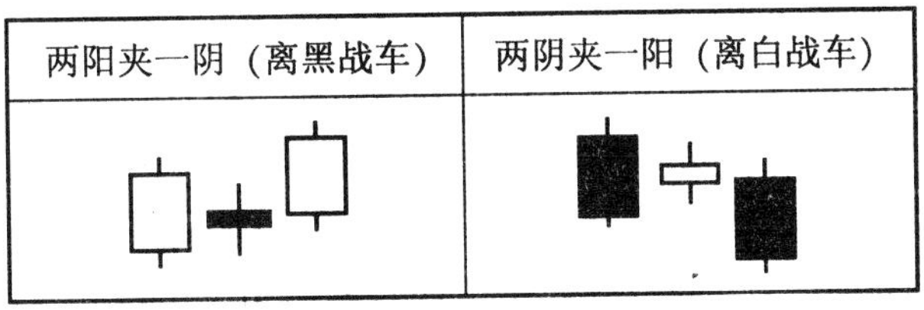

图 1－15

A. 两阳夹一阴（离黑战车）：

我们先思考前两根阴阳 K 线最弱势的组合方式，就是阴 K 线收盘进入前一天阳 K 线的均衡点里面，既然当日 K 线的收盘在前一日 K 线的均衡点之下，代表前一日买进的人于当日收盘后有一半以上的人都亏钱，但第三天可以不破阴 K 线

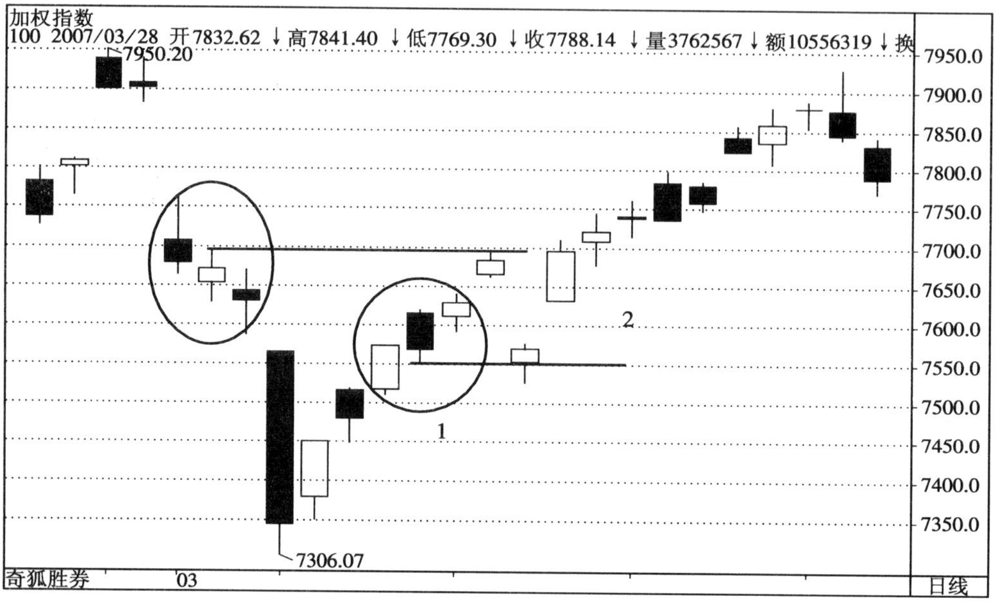

图 1－16

低点反而收过阴 K 线的高点，就代表阴 K 线为洗盘之手法，通常阴 K 线的低点为以后拉回的支撑点位（图 1－16）。

B. 两阴夹一阳（离白战车）：

我们先思考前两根阴阳 K 线最弱势的组合方式，就是阳 K 线收盘进入前一天阴 K 线的均衡点里面，既然当日 K 线的收盘在前一日 K 线的均衡点之上，代表前一日买进的人于当日收盘后有一半以上的人都赚钱，但第三天却过不了阳 K 线高点反而收破阳 K 线的低点，就代表阳 K 线为主力逃命之手法，通常阳 K 线的高点为以后反弹的压力点位。

（4）夜星与晨星（图 1－17）。

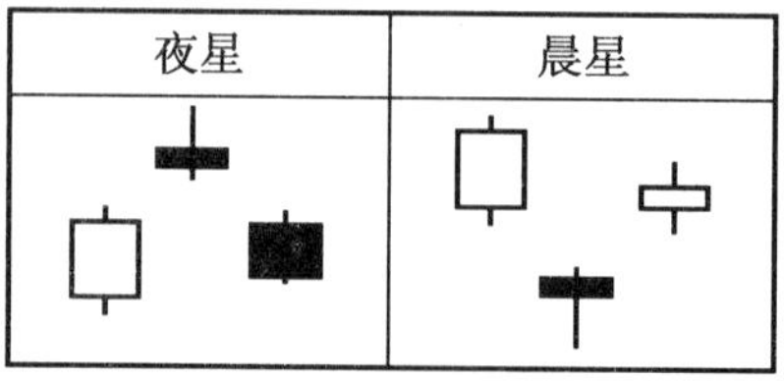

图 1－17

图 1－18

A. 夜星：

前一日收盘之后，当日开高往上跳空留一个向上跳空缺口没有回补，第二天又往下跳空留一个向下跳空缺口没回补，这三根的组合就是夜星，也就是第二根的 K 线左右两天都留有缺口。有人因为第二天跳空追买时，于隔天跳空往下跌而套牢，往后若续跌将造成套牢卖压加重（图 1－18）。

B. 晨星：

前一日收盘之后，当日开低往下跳空留一个向下跳空缺口没有回补，前一日又往上跳空留一个向上跳空缺口没回补，这三根组合就是晨星，也就是第二根的 K 线左右两天都留有缺口。因此有人因为第二天跳空追杀放空后，于隔天跳空往上涨而套牢，往后若续涨将造成回补空单的买盘进驻。

以上介绍的 K 线组合，若读者把两根或三根的 K 线组合成一根 K 线时，看这两天或三天的收盘是在这两天或三天的均衡点之上或之下，就可以比较出K线的力道强弱。

就以两阳夹一阴来说，这三天K线组合之后，收盘收在相对高点，意味多方力道之强势，所以拉回接近此组合K线的多空均衡点，不就可以作为买进与防守的点位吗？

要灵活运用K线，利用更广义的看法观察多空交战的力道，才能让酒田战法更加有效。这也是K线判断时不取于相（阴阳），要观察后续的力道是否有连续性或惯性是否被改变，才是活用K线的真义。

一、K线拆解与组合

威廉指标：从K线拆解与组合观念推导出威廉指标。

日K线可以拆解成5～90分钟不同级别的K线，同样日K线也可以组合成周线K线或月线K线。拆解的动作有如显微镜，可以清楚股价的细部组成走势与多空力道，周线K线的股价细部组成走势与多空力道依然可以由5根日K线组合而成，因此K线是可拆解与组合的，作如是观，视野就可以更开阔了（图1－19、图1－20）。从K线的组合可以转换成波浪的箱体与回档的黄金比率，也可以知道每一段波浪的强弱，这就是本书由小窥大的精义。

由N天内收盘在这期间的高低点之间的位置，再加上多空均衡点、强势与弱势的观念，造就了威廉指标的简单概念。威廉指标就是利用一段时间内收在强势区域之后，又可以继续往上，此就是短线多头的表态，反之亦然。

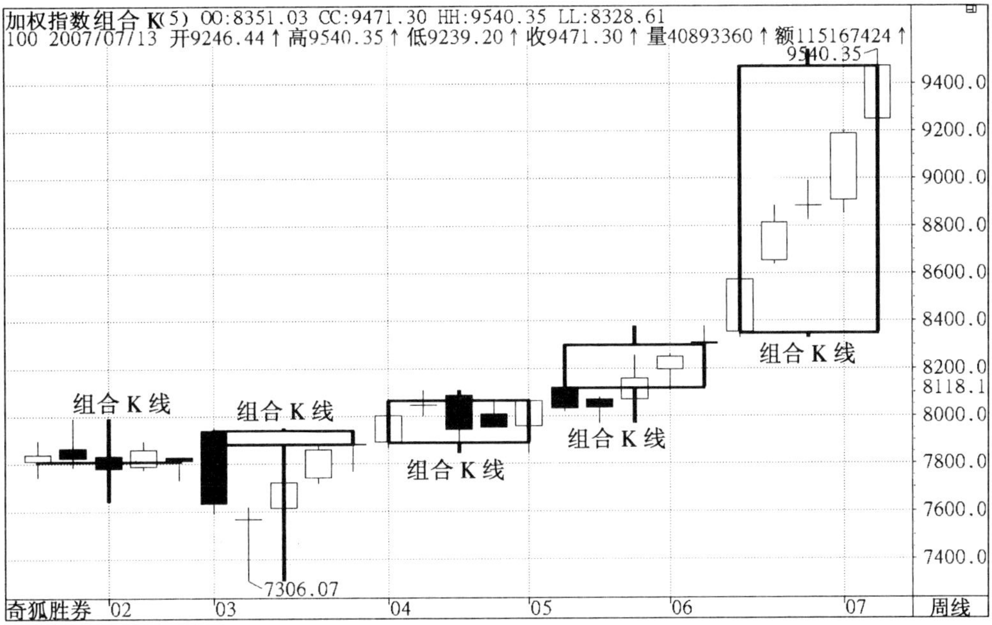
加权指数组合 K(5) OO:8351.03 CC:9471.30 HH:9540.35 LL:8328.61
100 2007/07/13 开9246.44↑高9540.35↑低9239.20↑收9471.30↑量40893360↑额115167424↑
9540.35
组合 K 线
组合 K 线
组合 K 线
组合 K 线
组合 K 线
7306.07
9400.0
9200.0
9000.0
8800.0
8600.0
8400.0
8200.0
8118.1
8000.0
7800.0
7600.0
7400.0
奇狐胜券
02
03
04
05
06
07
周线

图 1－19

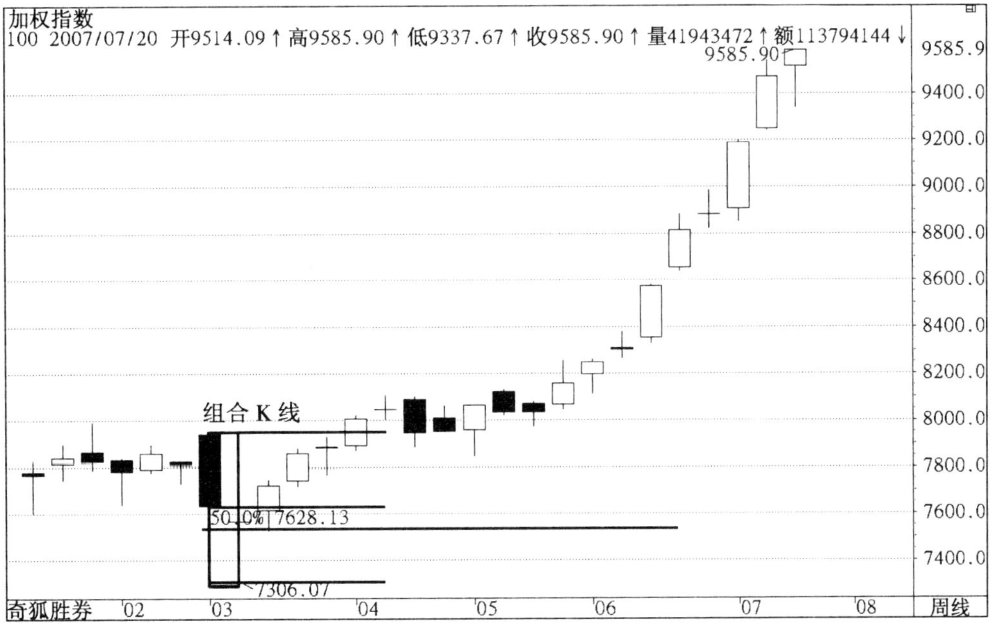
加权指数
100 2007/07/20 开9514.09↑高9585.90↑低9337.67↑收9585.90↑量41943472↑额113794144↓
9585.90
组合 K 线
50.0% 7628.13
7306.07
9585.9
9400.0
9200.0
9000.0
8800.0
8600.0
8400.0
8200.0
8000.0
7800.0
7600.0
7400.0
奇狐胜券
02
03
04
05
06
07
08
周线

图 1－20

二、K线振幅

一根K线高低点的距离就是振幅，也就是每天可以交易到的高低点。振幅越大，代表当日多空交战比较热络或剧烈；振幅越小，代表当日多空交战比较清淡或观望（图1－21）。

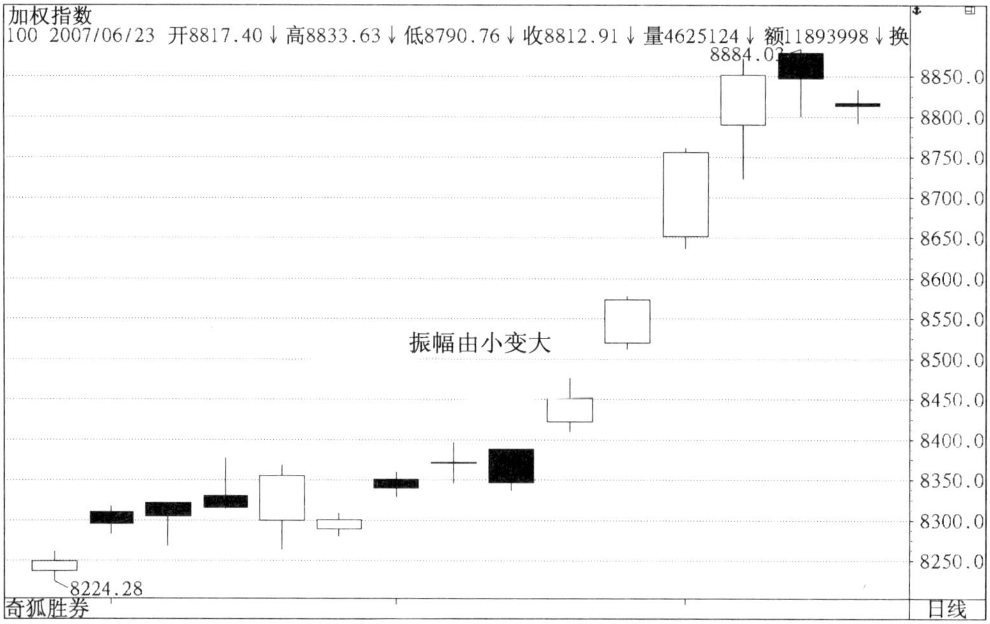

图1－21

依K线可做组合的观念得知，由5天高低点的振幅可知道一周可交易的高低点，周线收盘位置可知多空的力道与强弱，上涨喷出时周线振幅通常会越来越大，开始要盘整时振幅会越来越小，因此周线收盘的位置及振幅的大小就可引导出5天威廉指标的概念了。

三、股价波动原理

股价于上涨过程中会有买盘进入，在短线过热的情况下，会有拉回修正的现象，此时在这波相对高点买的人会短暂套牢，所以再次找到低点，反弹过上次的高点时，有做多套牢的短线客会急于解套卖出，造成有过高拉回的现象。反之，在下跌过程中会有卖盘进入，在短线过冷的情况下，会有跌多反弹的现象，此时在这波相对低点放空的人会短暂套牢，所以再次找到高点，拉回上次的低点时，有放空套牢的短线客会急于解套买回，造成有破低反弹的现象（图 1－22）。

盘整走势

图 1－22

波浪理论中，一个多空大趋势会走五波上涨或五波下跌的形态，波浪的特性通常第三波为主升段，所以此段涨得又快又强劲，或者跌得又快又狠。主升段落就是常听到的轧空或杀多段落，而第二波与第四波是最复杂的修正波，也就是在做盘整修正走势。盘整走势，广义有盘坚与盘跌两种。与其搞清楚修正波盘整的形态，不如找开始轧空与杀多的发动点会比较容易，且赚钱较快（图 1－23）。

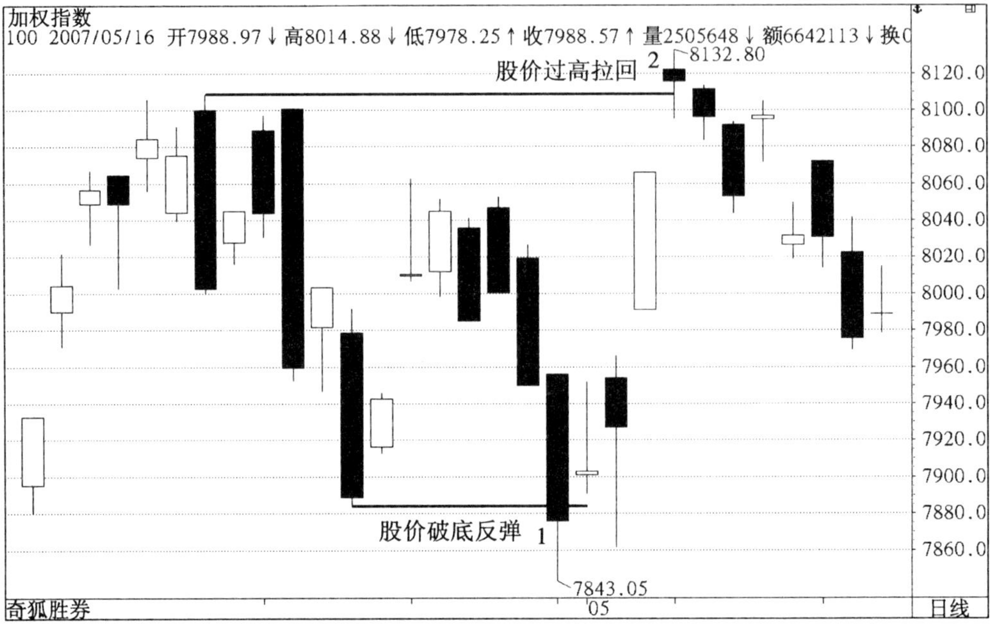

图 1 – 23

四、威廉指标

威廉指标是由 Larry William 于 1973 年所提出，定义是：由当日收盘在 N 天内的高低点之间的某个位置，判断当日收盘后，在 N 天内买进的人，其收盘是在 N 天内平均成本之上还是之下。在平均成本之上为暂时多方优势，在平均成本之下为暂时空方优势。

公式如下：

$$W\%R = [C - L(n)] \div [H(n) - L(n)] \times 100\%$$

比如将 12 天的高低点视为一根组合 K 线，往后收盘可以观察是在这根 K 线三分法的哪一个位置，以判断往后多空力道的强弱。

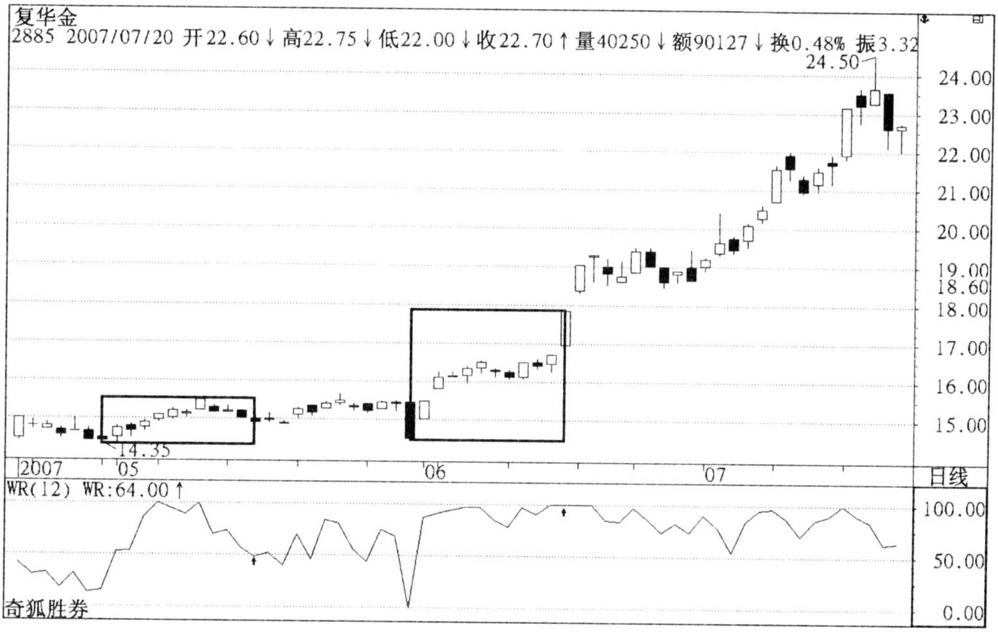

图1－24

另外也可观察股价在每天移动当中，每次所组合而成的K线，其高低振幅是越来越大还是越来越小，这也能用以判断股价是在喷出段，或逐渐收敛的盘整段落（图1－24）。

威廉指标其实就是相对坐标，也就是12天的高低点会随着股价移动而有箱体伸缩之变化，也就是说只比较最近箱体之间移动的强弱。所以若没有弄清楚主要趋势方向，而去用相对坐标，很容易做错方向，即于多头拉回止跌时要接多单而放空，于空头趋势反弹止涨时要放空而接多单，这是很危险的动作。因此要先判断主趋势，再运用相对坐标。

五、箱体的观念

变异的箱体：以威廉指标在股价波动原理，进而引导出箱体由小变大的“喷出段”与箱体由大变小的转成“盘整现象”。

箱体观念

（1）趋势：箱体会不断往一个方向移动（图 1－25）。

（2）盘整：箱体不动。

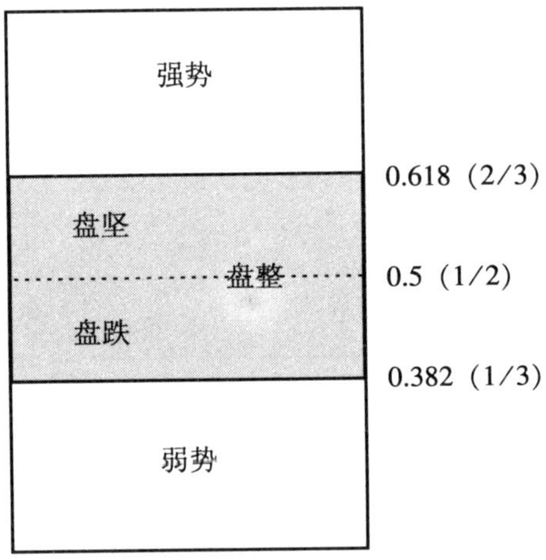

图 1－25

强弱观念

（1）强势：在箱体区间的 0.618 之上。

（2）盘整：在箱体区间的 0.618 与 0.382 之间。

（3）弱势：在箱体区间的 0.382 之下。

变盘的观念

（1）趋势出现：箱体由小变大。

（2）变成盘整：箱体由大变小。

威廉指标是当股价由上升趋势反转为下跌趋势时，收盘价格将远离箱顶。

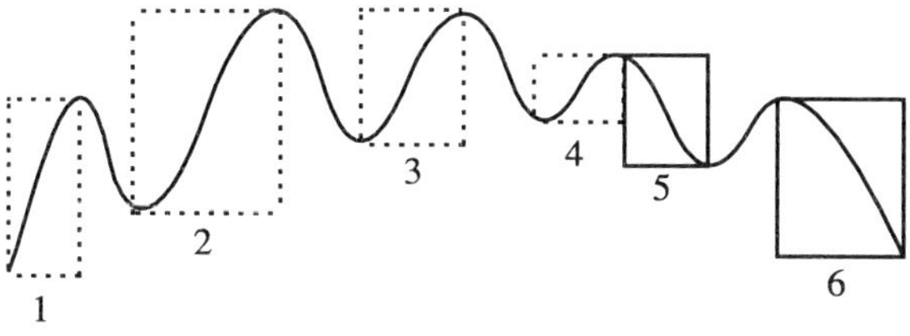

图 1－26

一段时间内的高低点之间，可以把高点当成箱顶，低点当成箱底，从上涨转盘整时会发现，原本一段时间内所组合成的箱体由大变小（图 1－26，第 2、3、4 箱），就是转成盘整了。盘整之后再发动就会发现，原本一段时间内所组合成的箱体由小变大（图 1－26，第 5、6 箱），就是某一方向的指引，威廉指标的妙用就在此。如何简单抓现在是喷出段还是盘整段，或者现在收盘是在箱体的强势区还是弱势区，就变得容易判断了（图 1－27）。

图 1－27

六、扣抵值的观念

均线的扣抵：从一日收盘的连线可推出均线的观念及对扣抵值的了解，进而判断何时均线才会有“助涨与助跌”的机会，即运用扣抵值抓发动点与判断均线助涨助跌特性。

公式推导：

$MA5 = (C1 + C2 + C3 + C4 + C5)/5$

$MA5 \times 5 + C6 - C1 = C2 + C3 + C4 + C5 + C6$

$MA5 + (C6 - C1)/5 = (C2 + C3 + C4 + C5 + C6)/5 \cdots\cdots$ (1)

$MAn + (Cn + 1 - C1)/n = (C2 + C3 + \cdots\cdots Cn + 1)/n \cdots\cdots$ (2)

Cn：n 天后的收盘价

扣抵值：C1

（1）假如 $Cn + 1 - C1 > 0$，则均线续往上有助涨力道，若收盘一直不动，均线会推动到收盘价之上而造成盖头反压。因此扣抵值由下往上扣抵时，就要注意股价是否有推不动的现象，由此观念可从中抓到相对高转折点。

（2）假如 $Cn + 1 - C1 < 0$，则均线续往下有助跌力道，若收盘一直不动，均线会推动到收盘价之下而造成底部支撑。因此扣抵值由上往下扣抵时，就要注意股价是否有压不下去的现象，由此观念可从中抓到相对低转折点。

上涨过程中，当扣抵值与收盘离很远时，只要跌破均线，通常下跌修正的机会大，这是因为现在的走势赶不上之前的走势，造成一跌破均线，均线就会往下弯而变成助跌的力量。

注意图 1－28，观察今天的收盘与扣抵值的距离，以类

图 1－28

似乖离的概念思考，也就是收盘与扣抵值距离太远时，就会拉回或反弹。当发现扣抵值距离股价很远，往后股价又不拉回，就是更大级数的轧空走势，确实会轧死人的，如图 1－29 所示。

请读者注意观察，每次联强在跌破扣抵值之后都有一根阳 K 线过前面 5 天的收盘价，而且前面 5 天的收盘价几乎都是收阴且靠得很近，所以有类似一过三的意味。以 5 日扣抵值来说，当天的收盘与 5 天前的扣抵值距离很远时，为何会拉回呢？因为有短线获利回吐与之前的解套卖压，所以只要收盘与扣抵值距离有点儿远，股价就会做修正。这跟乖离率有异曲同工之处。反之，下跌也是如此，若该回不回时，就有更多人愿意以高价再追买，所以就会有轧空的走势。

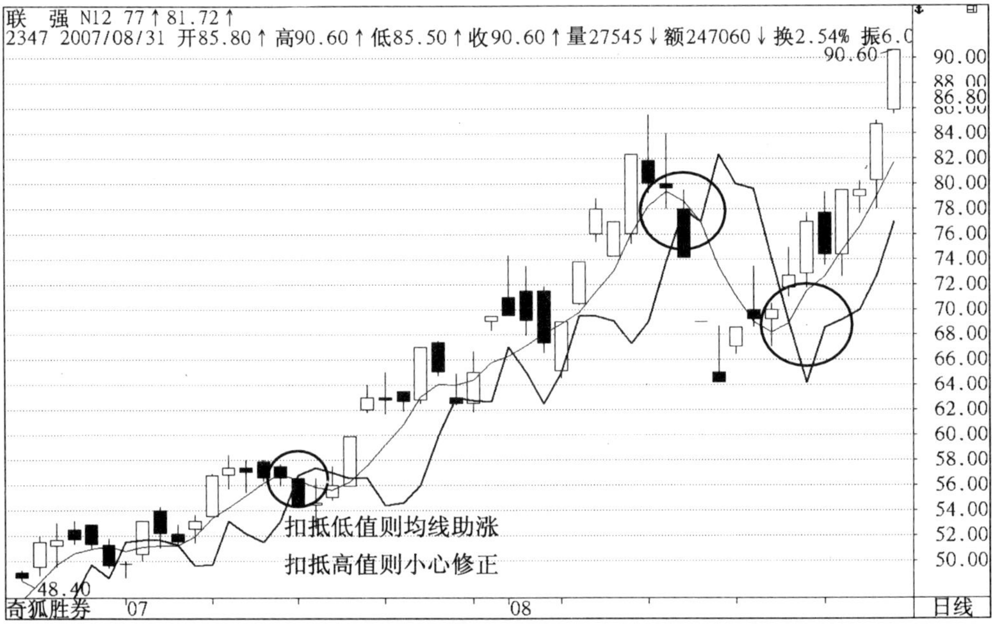

图 1－29

七、助涨助跌的特性

扣抵的概念：均线助涨是扣抵低值（均线往上），均线助跌是扣抵高值（均线往下），扣抵由低往上，但股价不续涨，则易变盘。

由扣抵值的观念可知道，均线能否助涨需要看收盘价是否在往后扣抵值之上，若股价一直不动，扣抵值会从远离到接近收盘价，甚至在超过目前的收盘价后，形成盖头反压，因此均线是否有助涨的特性是由扣抵值来决定的。反之，均线能否助跌需要看收盘价是否在往后扣抵值之下，若股价一直不动，扣抵值会从远离到接近收盘价，甚至在超过目前的收盘价后，形成低档支撑，因此均线是否有助跌的特性，同

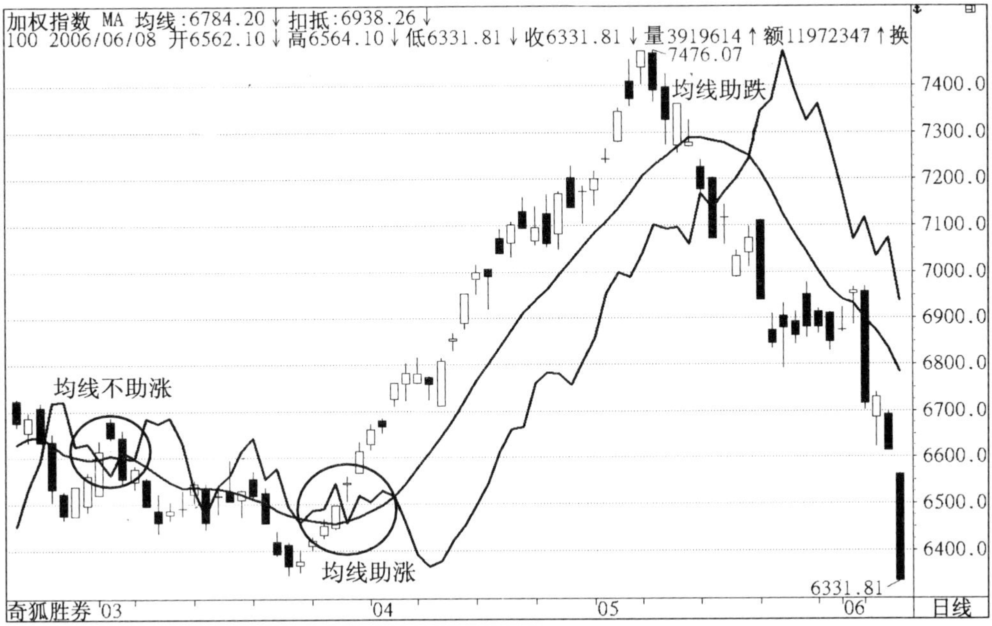

图 1－30

样也是由扣抵值来决定的（图 1－30）。

八、金叉与死叉

金叉与死叉：以股价波动原理与波浪理论来讲解“均线黄金交叉与死亡交叉”的意义。

股价与长均线会有交叉之现象，其原理解释如下：股价于下跌结束后做盘底动作，造成均线由上往下扣抵而逐渐走平，此时股价穿过长均线时，称为金叉（黄金交叉）。由于股价已经反弹过了，若只是空头中的反弹则应拉回修正；若由空头转为多头，则须再续涨。股价续涨后，由于正乖离造成股价拉回修正（此时乖离变大，大家离平均成本较远，会有获利回吐的卖压），当股价由上往下穿越长均线，称为死叉（死亡交叉）。若要继续维持多头趋势就须做止跌反弹，若再续跌，就变成较大等级的修正或是趋势改变的征兆（图1－31）。

多头势：金叉要续涨，死叉要止跌　　空头势：金叉要止涨，死叉要续跌

金叉死叉的应用（均线观念）

图1－31

死亡交叉之后走势整理：

（1）修正：股价修正后，会沿原趋势走。多头势，股价与均线死叉后即止跌，则此为修正走势。

（2）回跌：股价与均线死叉后，若不止跌，而续跌，则为回跌走势，盘势转空。

黄金交叉之后走势整理：

（1）轧空：多头势中，黄金交叉之后若续涨或小拉回再涨，即为轧空走势。

多头势，死叉找买点，金叉找加码点。

（2）反弹：股价反弹后，会沿原趋势走。空头势，股价与均线金叉后即止涨，则此为反弹走势（图1－32）。

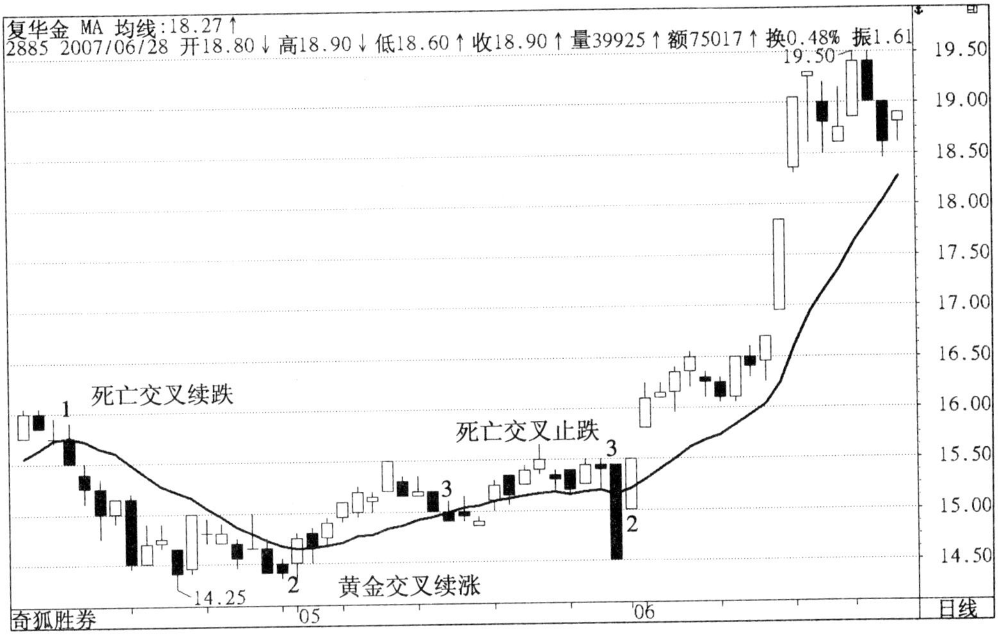

图 1－32

九、乖离与背离

背离：诠释头部背离与底部背离现象，并判断趋势转折的方法。

乖离：从简单的股价波动走势现象，解释“乖离的正确用法”与掌握“回档或反弹的转折买卖点”。

乖离就是股价和均线之间的距离，股价上涨过程中会符合波浪原理，也就是上涨 5 波、拉回 3 波的形式，做推升的动作，因此主动波可分为初升段、主升段和末升段（图 1－33）。

由前面谈到均线的扣抵值可知：N 天的均线，其扣抵值为前面第 N 天的收盘价。因此初升段的时候，均线由于扣抵

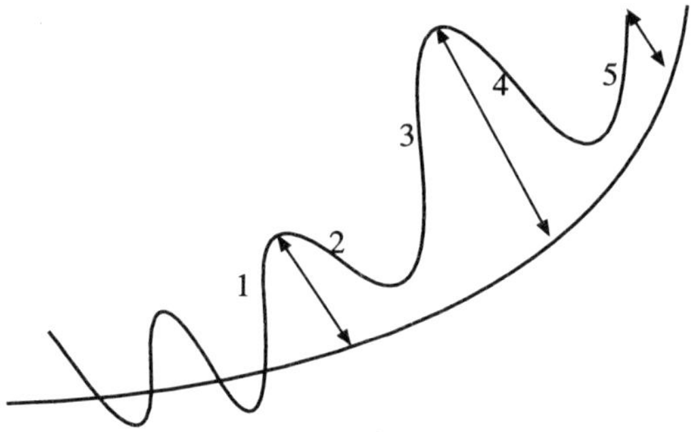

图 1－33

值先由上往下扣抵后，再由下往上扣抵，此时的正乖离最小。到了主升段，因为股价涨幅变快，幅度也变大，但是均线扣抵值为前面初升段的那一段，因此正乖离会变大。等到末升段时，股价力道减弱速度也减慢，但是均线扣抵值为主升段最快的那一段，所以会造成创新高但是正乖离缩小的现象，此时便造成背离的现象（图 1－34）。

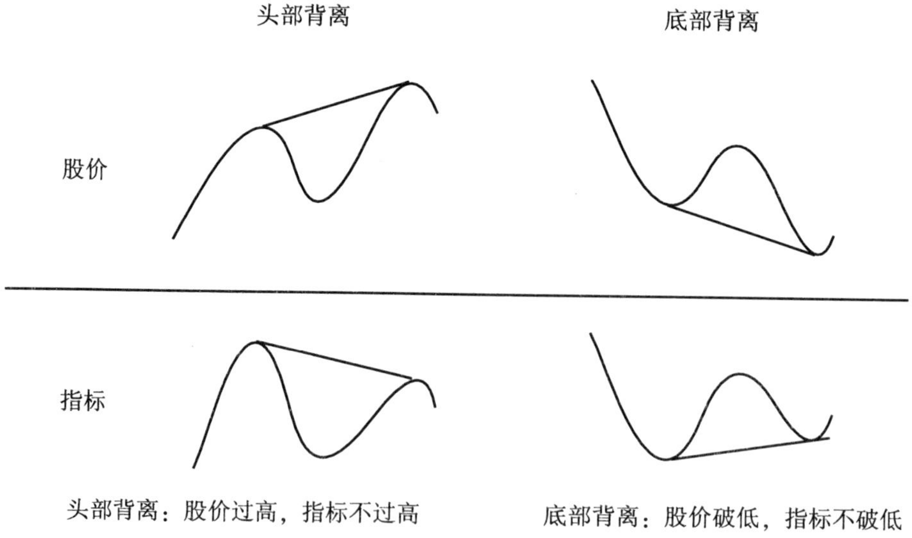

图 1－34

乖离：收盘价与均线之间的距离。

差离：两条均线之间的距离。

正乖离过大股价上涨的速度比均线上涨的速度快，正乖离大但股价不拉回，即为轧空势，通常发生在主升段（图1－35）。

图1－35

背离：通常发生在第五波或C波，股价上涨的速度较慢，均线上涨的速度较快。

背离的意义：表示力道减弱，并不代表是高点（低点）（图1－36）。

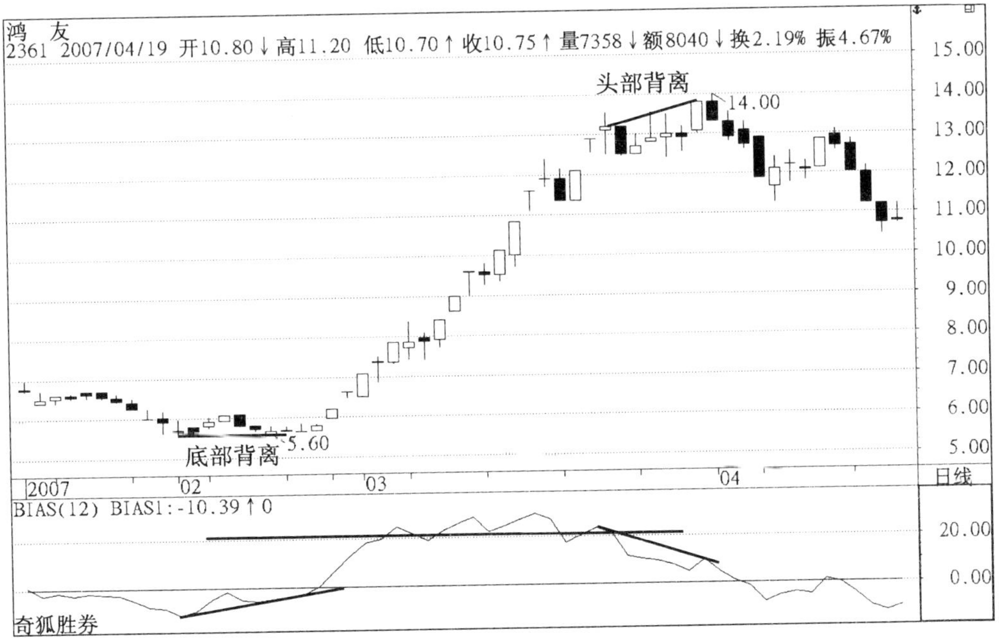

图1－36

十、正乖离与负乖离

零乖离上下面积：从正乖离与负乖离观念，讲解“零乖离上下面积”多空趋势的研判观念。

正乖离就是股价收盘在均线之上，负乖离就是股价收盘在均线之下。也就是多头趋势大部分的时间都以正乖离居多，而在负乖离之下的时间就会很少。反之，空头趋势大部分的时间都以负乖离居多，而在正乖离之上的时间就会很少。

若判断为多头趋势，当股价收盘在均线之下，为了维持多头趋势，应该做止跌，不然就会有较大的修正幅度。多头趋势中，正乖离会比负乖离大，是因为低点越垫越高与高点越垫越高所致。因此若是多头的大修正时，在负乖离接近或大于正乖离时就应该做止跌，否则趋势就有机会走空。

利用上述观念像 KD、RSI、W% R 的多空线为 50，所以多头在 50 之上的时间会比在 50 之下的时间多，也就是利用指标与 50 之间所包围的正负面积做比较。多头趋势就是正面积远大于负面积，空头趋势就是负面积远大于正面积，因此若为盘整时，就是正负面积大约相等。

十一、绝对坐标与相对坐标

若以 XY 坐标轴来描述股价波动图形，我们可以定义 X 轴为时间（日期）、Y 轴为股价；若我们要探讨股价上次到现在投资此股票会获利多少时，就是以上市的第一天为起始原点，现在与第一天上市之间的比较就可以定义为绝对坐标。

若从开始买进的日期与股价作为原点，往后观察股价与进场成本之间的差异就是相对坐标，我们称为 XY 坐标。所以当投资者不同时，就会有不同的相对坐标，但是绝对坐标就只有一个。

广义定义：绝对坐标可以是一个趋势的起始点，也就是上涨时找最低的起涨点当作绝对坐标的原点，下跌时找最高的起跌点当作绝对坐标的原点，然后再判断相对坐标的位阶。也就是先定义出趋势（绝对坐标）之后，再去看相对坐标。绝对坐标的位阶可以清楚判断上涨中是修正还是回跌，下跌中是反弹还是回升。若只观察相对坐标的现象而不判断目前的趋势，就会有盲人摸象的盲点出现。

如图 1－37 所示，在绝对坐标中是上涨的，但是相对坐标有上涨或拉回段落。也就是说，上涨的拉回与下跌的反弹，让看短线的人有错觉与指标的盲点产生，因为在上涨拉回时，发现拉回段落，误以为是下跌而想放空，结果放空在起涨点。同理，如图 1－38 所示，在下跌的反弹中，发现反弹段落，误以为是上涨而想做多，结果做多在起跌点。KD 中的 RSV 就是一种相对坐标的观念，所以引导投资者看指标时会有盲

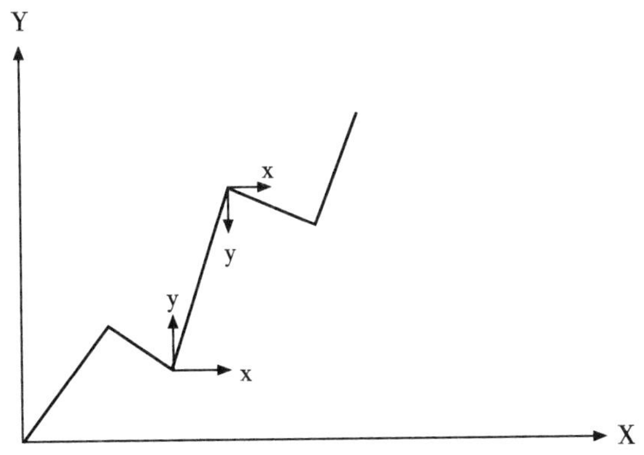

图 1－37

点，若先后顺序没有分清楚，也就是没有先看绝对坐标（趋势）再看相对坐标（指标），就会造成经常看错的窘境，甚至怀疑指标不稳定。总之，先看趋势形态，再看指标，最后判断操作买卖之策略。

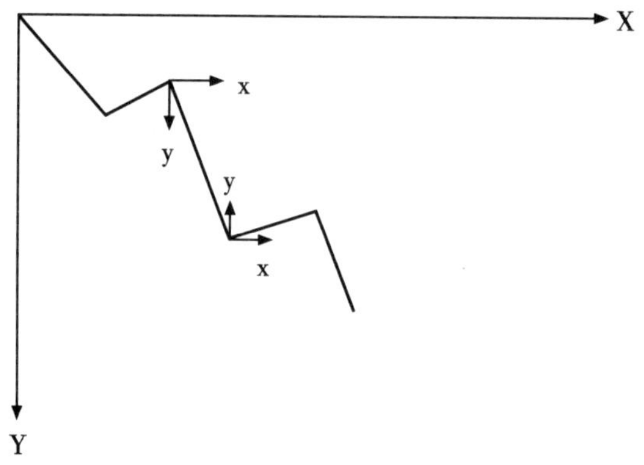

图 1－38

盲人摸象当然盲点一堆

我们从 RSV 也就是 9 天威廉谈起。9 天威廉的定义就是，当日的收盘在最近 9 天高低点的某一个位置，也就是视 9 天的高低点为一个箱体，用接近箱顶与箱底来判断最近 9 天多空力道的强弱。

当股价开始移动，9 天威廉亦开始移动，也就是这个箱体会有高低胖瘦的变化，此即用相对坐标观察。因此若没有把指标的公式搞清楚，就会像盲人摸象，每次遇到行情的感觉都不一样，有时候准、有时候不准，根本无法相信指标。所以使用指标之前，要先知道趋势，先知道定义与前提假设后才会使用得当（图 1－39）。

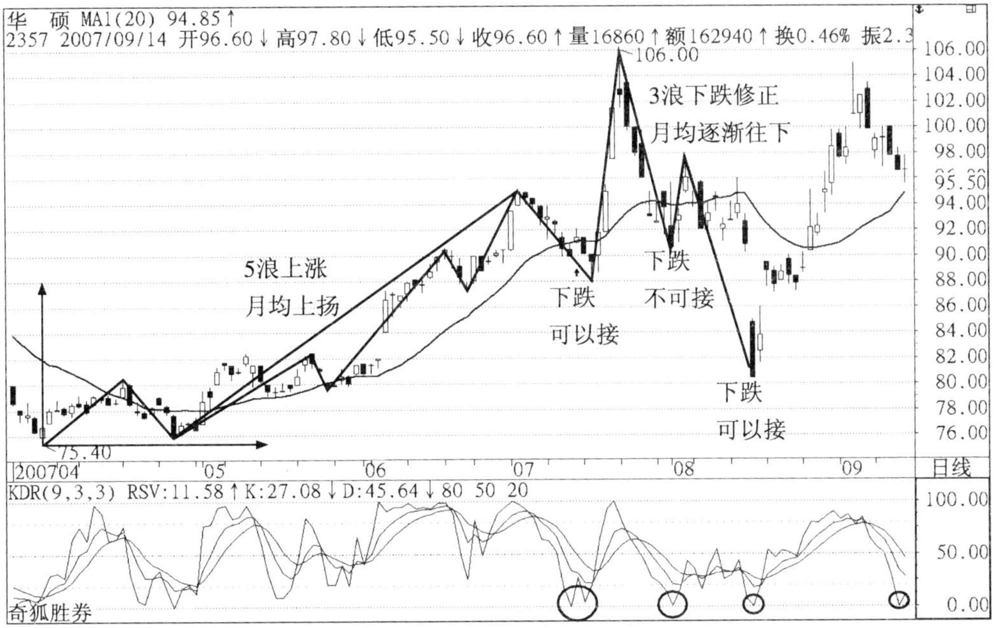

图 1－39

十二、指标钝化

以 KD 指标为例：在多头趋势的定义就是屡创新高，也就是收盘经常不断创新高，且收盘与高点很接近。再者，kn = 2/3kn－1 + 1/3RSV，由此公式可以知道，当 kn－1 = 100 且 RSV = 100 时，kn 就等于 100；但是只要 RSV 无法大于 100，kn 就会被限制在 100 以下。反之，当 kn－1 = 0 且 RSV = 0 时，kn 就等于 0；但是只要 RSV 无法小于 0，kn 就会被限制在 0 以上。探究其原因：RSV 为相对坐标，已被定义在 0～100 之间，所以造成 KD 指标有钝化现象（图 1－40）。

同样是相对坐标的有 RSI 与威廉指标，使用以上指标只要确认较长线的趋势之后，就可以很快判断短线上力道的增

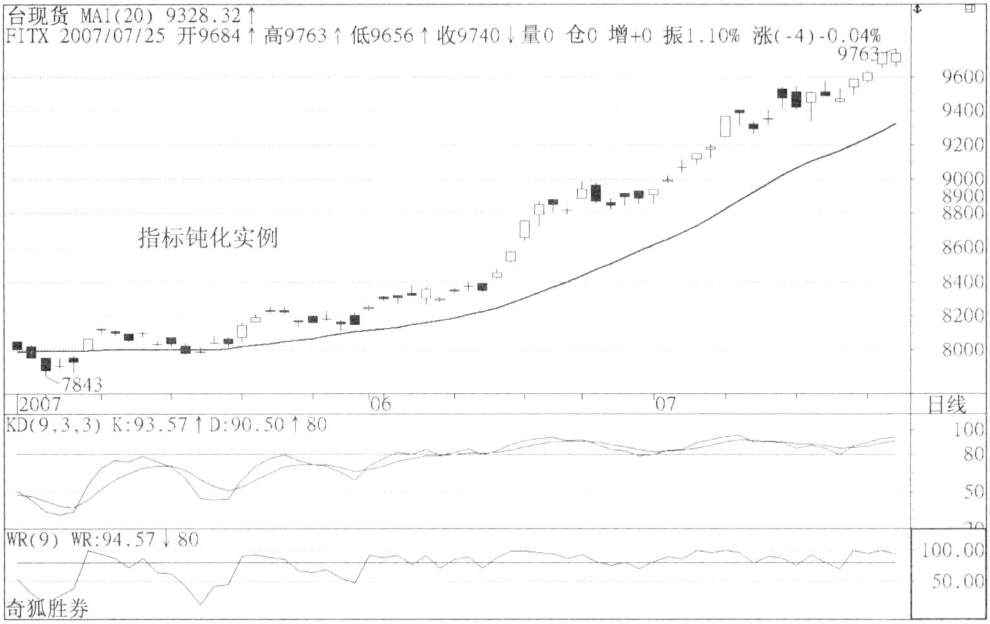

图 1-40

减，进而做买卖之策略。

在多头趋势中，短线的涨势让 KD 进入 80 的超买区，由公式 kn = 2/3kn - 1 + 1/3RSV 可知，当 kn 大于 80 之后，要维持在 80 之上造成指标钝化就是 RSV 持续大于 80，也就是 9 天的威廉收盘都要收在箱体的 80 之上，这就是多头屡创新高不管在哪一个时间切入多单都是可以赚钱的走势，因此这现象不就是主升段轧空走势才有的吗？所以只要是多头趋势成立，之后观察短线的相对坐标 RSV 维持在 80 之上股价续涨就是轧空走势，此时策略就是抱牢股票直到股价涨不动为止。

反之，短线的跌势让 KD 进入 20 的超卖区，由公式 kn = 2/3kn - 1 + 1/3RSV 可知，当 kn 小于 20 之后，要维持在 20 之下，造成指标钝化就是 RSV 持续小于 20，也就是 9 天的威廉收盘都要收在箱体的 20 之下，这就是空头屡创新低，不管在哪一个时间切入空单都可以赚钱的走势，因此这现象不就是主升段杀多走势才有的吗？所以只要是空头趋势成立，之后观察短线的相对坐标 RSV 维持在 20 之下股价续跌就是杀多走势，此时策略就是抱牢融券直到股价不跌为止。

技术分析其实就是一种思考逻辑的推演——重视惯性的改变与逆向思考，也就是，指标过热又再涨是代表什么意思？指标到超卖区又再跌是什么意思？所以在第一篇一开头就先讲盘态有涨、跌、盘，细分之后又有六大盘态。先认清六大盘态的走势与防守点位之后，再了解指标的来源与用法，便能轻易破解指标盲点。

第二章　指标运用技巧
（根基建立）

一、对于 RSI 的盲点破解
二、对于 KD 的盲点破解
三、对于 MACD 的盲点破解
四、指标实战技巧
五、均线实战技巧
六、KD 实战技巧
七、RSI 实战技巧
八、W%R 实战技巧
九、MACD 实战技巧

一、对于 RSI 的盲点破解

RSI：以 RSI（强弱指标）配合股价波动原理，讲解“轧空与杀多”的现象。

$$RSI = N天上涨点数/(N天上涨点数 + N天下跌点数) \times 100$$
$$= A/(A+B) \times 100$$
$$= (1 - B/(A+B)) \times 100$$
$$= (1 - 1/(1+B/A)) \times 100$$

A：N 天上涨点数

B：N 天下跌点数

以 6RSI 为例，若连续涨 6 天都是收盘价越垫越高，则指标会到 100；若连续跌 6 天都是收盘价越来越低，则指标会到 0。若涨 100 又跌 100，就是多空均衡处 50，所以从 RSI 中非常容易与股价波动原理做联想。

RSI 过前高（颈线）时，通常会有前面买多单套牢想解套的卖压，所以会拉回居多，若不太拉回又续涨就是轧空的开始，所以用 RSI 来抓飙股是很实用的方式之一。

另外，请读者观察一下，每天收盘的连线与 RSI 的连线是否也类似？所以通常破 6 天的收盘价就会导致 RSI <50，这也是一种观察多头拉回是否会做止跌的方式之一。

同样，RSI 依然可以用两个一长一短的指标，观看黄金

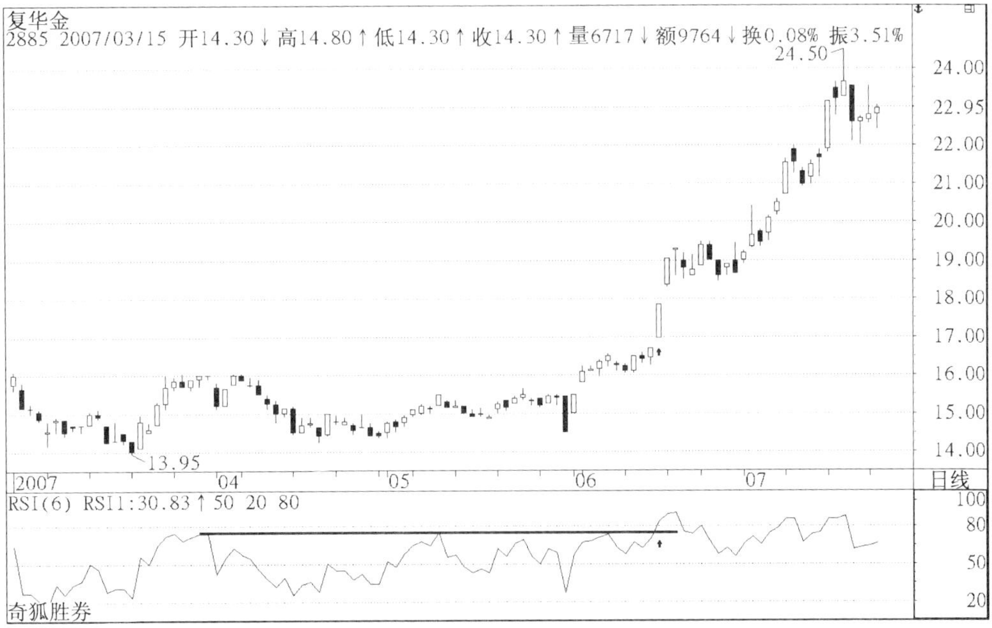

图 2－1

交叉、死亡交叉和乖离。通常使用 6RSI 和 12RSI 这两个参数来观察，把 6RSI 和 12RSI 当作均线看，就可以运用于均线的任何秘技。在前面已提及收盘价的连线就是 RSI 的形态，因此 RSI 可以用来画趋势线和判断形态是有其道理的（图 2－1）。

二、对于 KD 的盲点破解

KD：从均线讲解 KD 指标的用法。

RSVt＝Ct－L9/（H9－L9）

RSVt 的公式跟 9 天威廉指标一样，所以威廉指标比 KD 信号较多，为了平滑与加权重之需要，而创造出长短两条均线，由于 RSVt 是源头，因此是否有转折现象可以由 9 天威廉指标来判断与观察。

(短均) Kt = 1/3RSVt + 2/3Kt - 1

为了分别不同参数所占 Kt 的重要性，用权重 1/3 和 2/3 来分别表示 RSVt 与 Kt - 1 的重要性。当力道减弱、Kt 与 Kt - 1很接近时，Kt 是否能再创新高就靠 RSVt 了。

从股价波动原理可知一个推动波走 5 波，所以当头部背离的现象出现时，依然可以想成是由于股价创新高，但是因第三波（涨得速度较快之波段）前面 9 根 K 线高低点的距离较远，而第五波（涨得速度趋缓之波段）股价再创新高时，所计算 9 根 K 线高低点的距离较近，以至于 K 值无法再创之前的新高才产生背离。

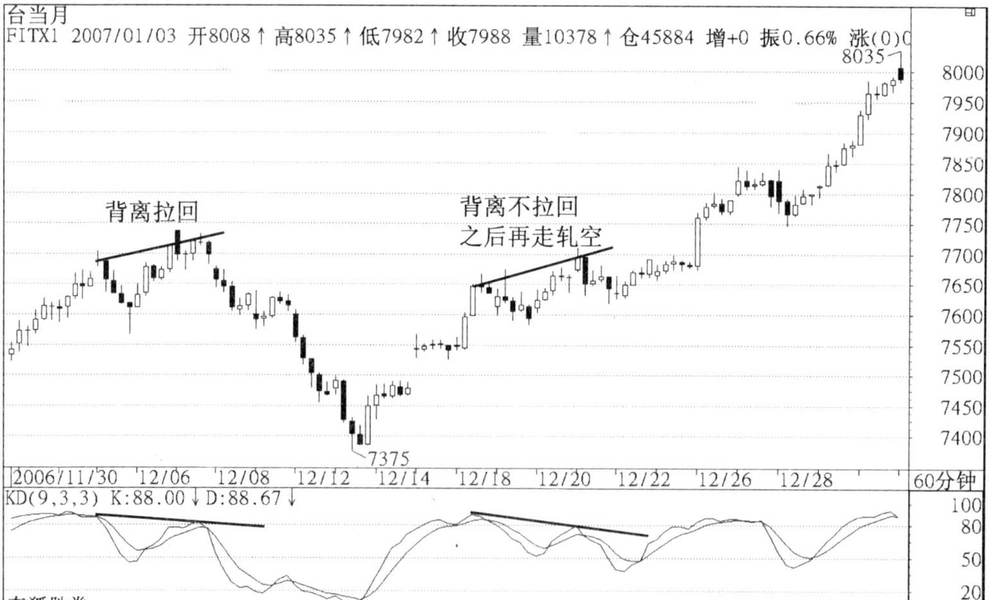

图 2 - 2

背离只是告诉我们力道减弱了，并非一定会做头，除非末升低被跌破才会有此疑虑。因此当高档背离后，盘势却一直不拉回时，就要小心可能有延伸浪而再走轧空走势的可能。因为只要快速急拉就会有 K 值再创新高的机会，若不拉回就会形成更大级数的轧空走势。如图 2－2 期指例子，2006 年 12 月 7 日与 21 日同样是背离，为何后面走势不同？

Kt 何时会见高点往下弯头呢？因为 2/3 是由 Kt－1 所贡献，1/3 是由 RSVt 所贡献，因此当 9 天威廉指标开始见高点往下弯，RSVt 减少时 Kt 才会往下弯，所以威廉的概念依然可用以判断 K 值的转向。

（长均）$Dt = 1/3Kt + 2/3Dt - 1$

利用均线的所有特性与长线保护短线的想法，可创造出 Dt，也就是除非 Kt 连续减少，才会有机会让 Dt 做由上弯头往下的修正。因此若以 Dt 控盘时，只要 Dt 没有弯头的现象就可以一直续抱，因为此时只是短线修正而已。

（差离）$J = 3K - 2D = K + 2\ (K - D)$

K－D 就是长短均线之间的乖离，所以正乖离与负乖离就是这项目的表现。另外一个变数是 K。意思是说，若 K 与（K－D）同时达到最大时，就是 J 最热的时候。只要不再续涨就是要拉回修正，因此 J 的用法与乖离并没有太大的差异，所以市面上技术分析的书中才会说，J 值为最快速判断高低点反转的指标。

三、对于 MACD 的盲点破解

MACD：从均线黄金交叉、死亡交叉与零乖离上下面积的概念讲解 MACD。

公式：

$EMAn = Cn\ (2/n+1)\ + EMAn-1\ (n-1/n+1)$

$EMA12 = C12\ (2/13)\ + EMA11\ (11/13)$

$EMA26 = C26\ (2/27)\ + EMA25\ (25/27)$

（短均）$DIF = EMA12 - EMA26$

（长均）$MACD = DIF\ (2/10)\ + MACD8\ (8/10)$

（差离）$DEF = DIF - MACD$…………………以柱状表示

从前面的 KD 指标所推导出的 K、D、J 三个参数，这些性质可以用在 MACD 指标所推导出的 DIF、MACD、DEF 这三个参数。也就是 DEF 柱状跟 J 一样是可以抓较短线的转折，DIF 短均则是主要操作方向的依据，MACD 长均则是长线保护短线的波段之大方向（图 2－3）。

指标演变流程图

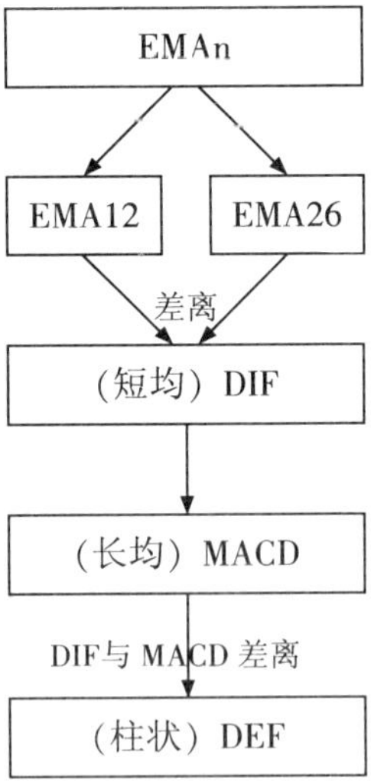

图 2－3

不论任何指标、参数的改变，只是依照个人操作周期的习惯做调整罢了，但是股价波动原理是不会改变的。因此调整任何参数前，一定要先了解指标原始的公式及原理。唯有根本源头抓住了，方向才不会偏掉，否则会迷失于调整指标参数来符合不同个股或期货波动，这样的结果可能会事倍功半。

修改参数周期可以让 KD、RSI、W%R 这种短线指标变成长线指标，也可以让 MACD 指标变成短线当冲指标。就如 K 线组合观念一样，可以是周 K、月 K、年 K，但是 K 线的原理与用法都是相同的。

DIF 短均是 EMA12 和 EMA26 这两条均线的差离值。

数值为正时有两种状况：

（1）多头趋势：短均线在上、长均线在下的多头排列形式，属于多头趋势范畴。

（2）空头趋势：长均线往下的空头趋势中之反弹，造成短均线往上与长均线交叉，形成正差离。

数值为负时有两种状况：

（1）空头趋势：短均线在下、长均线在上的空头排列形式，属于空头趋势范畴。

（2）多头趋势：长均线往上的多头趋势中之回档，造成短均线往下与长均线交叉，形成负差离。

DIF 短均的用法就是，看零轴之上与零轴之下的面积，比较多空力道与趋势，另外用 DIF 与零轴的黄金交叉、死亡交叉作为买卖信号，此信号与均线是相通的。

DEF 柱状是 DIF 短均和 MACD 长均，两条均线的差离值。

数值为正时有两种状况：

（1）多头趋势：短均线在上、长均线在下的多头排列形式，属于多头趋势范畴。

（2）空头趋势：长均线往下的空头趋势中之反弹，造成短均线往上与长均线交叉，形成正差离。

数值为负时有两种状况：

（1）空头趋势：短均线在下、长均线在上的空头排列形式，属于空头趋势范畴。

（2）多头趋势：长均线往上的多头趋势中之回档，造成短均线往下与长均线交叉，形成负差离。

DEF柱状的用法就是，看零轴之上与零轴之下的面积，比较多空力道与趋势，另外用DEF柱状与零轴的黄金交叉、死亡交叉作为买卖信号，此信号与均线是相通的。

DIF和MACD两条长短均线之用法如前面所述，均线黄金交叉与死亡交叉的用法一样，只是扣抵值比较复杂，不容易目视估算。另外，均线间的差离已经用DEF柱状表示在图中，不需要自行运算和比较，可以直觉判断正负差离是否达到最大。

四、指标实战技巧

多空分野（K线概念）

（1）取K线振幅的0.5。

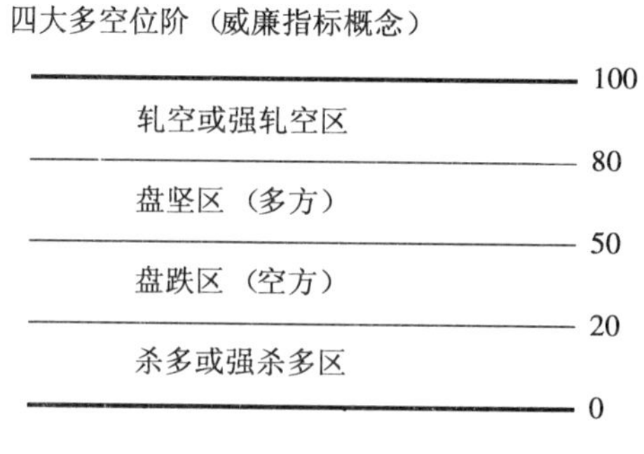

图2－4

（2）取 KD，RSI，威廉的 50。

（3）取 MACD 的 0 轴（图 2－4）。

五、均线实战技巧

一条均线之多头用法

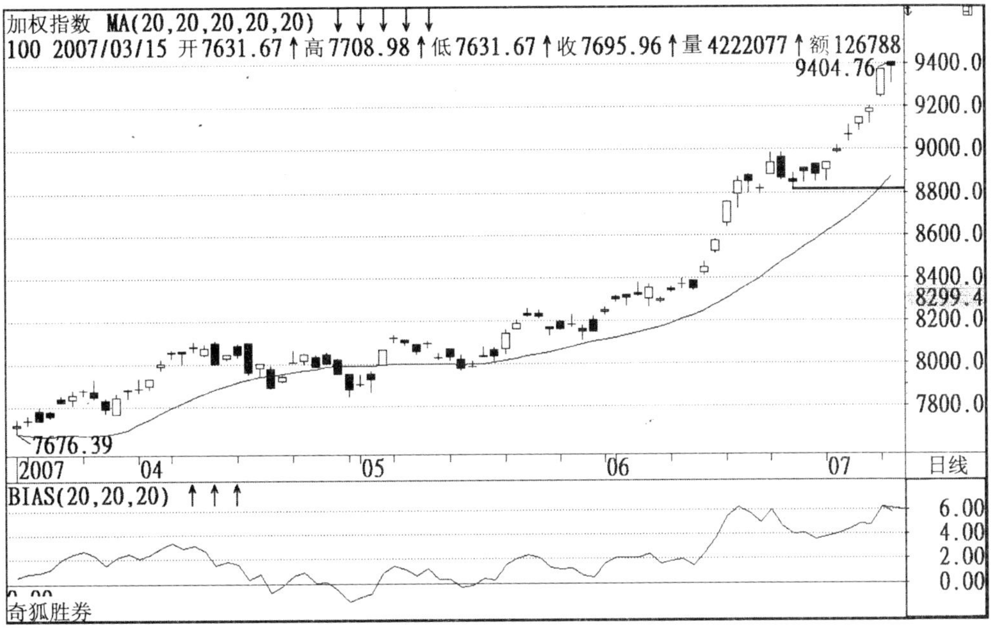

图 2－5

（1）用扣抵值预估均线是否有助涨的特性。

（2）站上均线后若有续涨可做买进动作。

（3）由空转多之后，回测均线做止跌可以加码买进。

（4）多头现象就是正乖离会大于负乖离，且经常在零轴之上（图 2－5）。

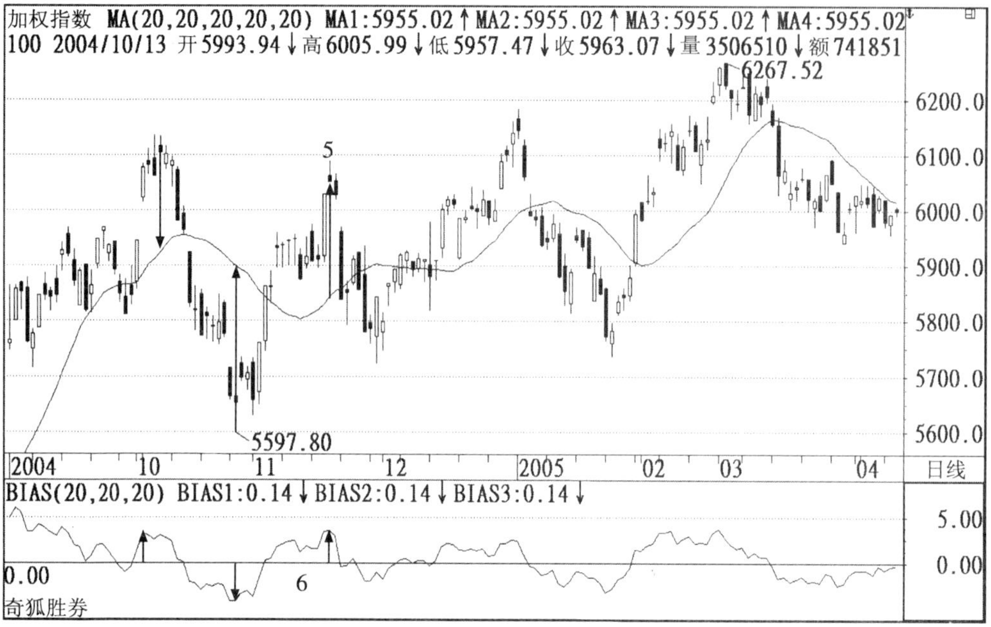

图 2-6

（5）盘整判断就是当股价离均线一段距离后，就会往均线靠近（图 2-6）。

（6）盘整就是正负乖离很接近时就见到箱体高低点。

（7）利用扣抵值与乖离率找头部。

（8）均线也可用来做往上的目标测量（此于面对面说明会较清楚，将于实战研讨会中分享经验）。

一条均线之空头用法

（1）用扣抵值预估均线是否有助跌的特性。

（2）跌破均线后若有续跌可做放空动作。

（3）由多转空之后，反弹测均线做止涨，可以加码放空。

（4）空头现象就是负乖离会大于正乖离，且经常在零轴之下（图 2-7）。

（5）盘整判断就是当股价离均线一段距离后，就会往均

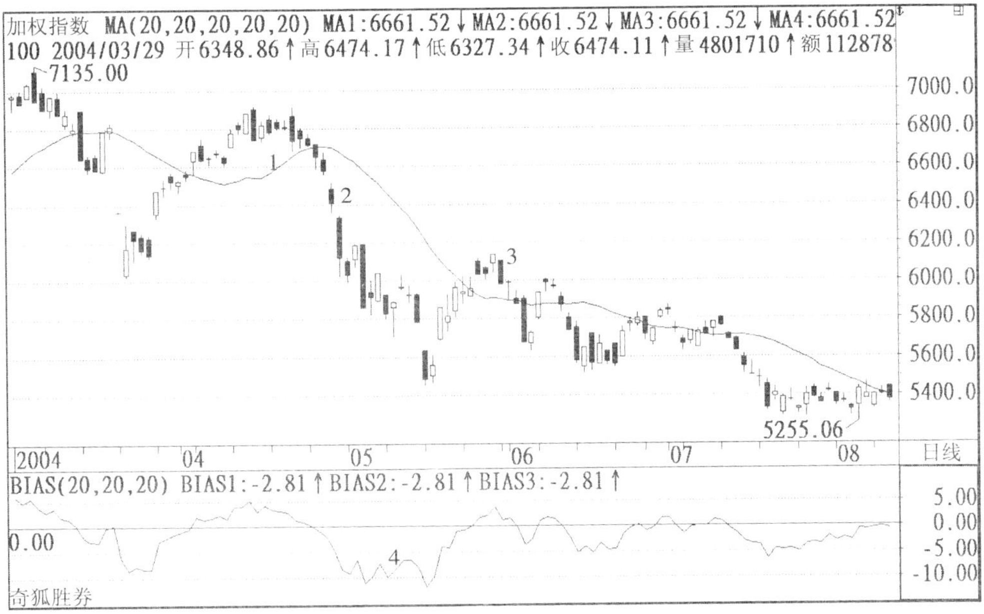
加权指数 MA(20,20,20,20,20) MA1:6661.52↓MA2:6661.52↓MA3:6661.52↓MA4:6661.52
100 2004/03/29 开6348.86↑高6474.17↑低6327.34↑收6474.11↑量4801710↑额112878
7135.00
5255.06
1
2
3
4
2004
04
05
06
07
08
日线
BIAS(20,20,20) BIAS1:-2.81↑BIAS2:-2.81↑BIAS3:-2.81↑
奇狐胜券

图2－7

联 电 MA(20,20,20,20,20) MA1:19.13↓MA2:19.13↓MA3:19.13↓MA4:19.13↓MA5:19.1
2303 2006/06/23 开18.80↑高18.85↓低18.55↓收18.70↓量40744↓额76224↓换0.31%
19.50
17.35
5
6
2006 07
08
09
10
11
日线
BIAS(20,20,20) BIAS1:-2.26↓BIAS2:-2.26↓BIAS3:-2.26↓
奇狐胜券

图2－8

线靠近。

（6）盘整就是正负乖离很接近时就见到箱体高低点。

（7）利用扣抵值与乖离率找底部。

（8）均线也可用来做往下的目标测量（图2-8）。

两条均线之多头用法

图2-9

（1）先用短均线抓第一次买点。

（2）短均线由下往上穿越长均线，形成黄金交叉后有续涨，为第二次买点。

（3）长均线往上、短均线往下，形成死亡交叉做止跌，为第三次买点。

（4）利用长短均线之间的差离值，可以抓相对转折点。

（5）两均线也可用来做往上的目标测量（图2-9）。

两条均线之空头用法

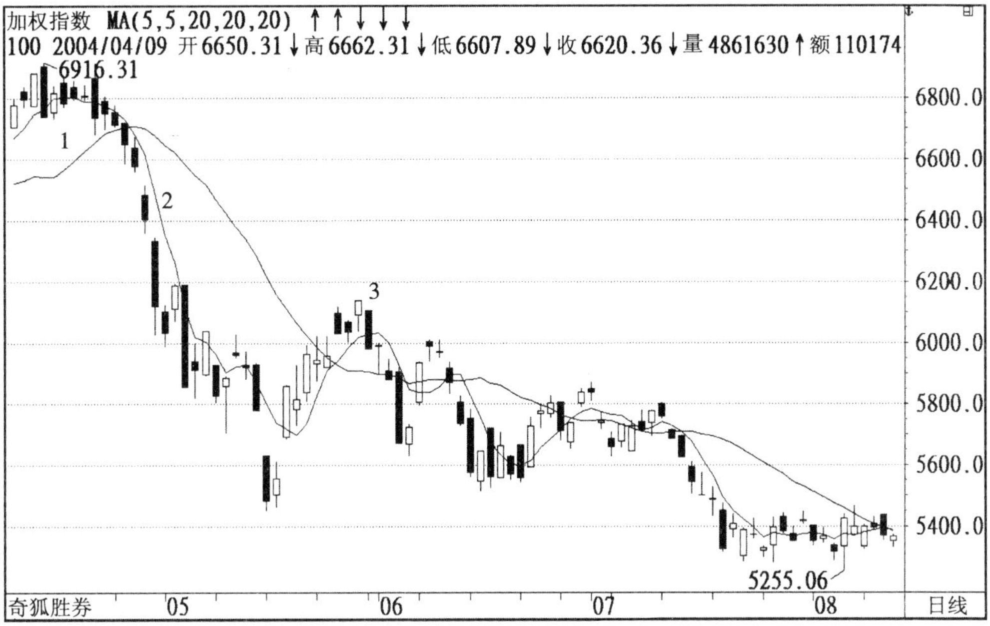

图 2－10

（1）先用短均线抓第一次空点。

（2）短均线由上往下穿越长均线，形成死亡交叉后有续跌，为第二次空点。

（3）长均线往下、短均线往上，形成黄金交叉做止涨，为第三次空点。

（4）利用长短均线之间的差离值，可以抓相对转折点。

（5）两均线也可用来做往下的目标测量（图 2－10）。

六、KD 实战技巧

图 2 - 11

（1）K = 50 为多空线（图 2 - 11）。

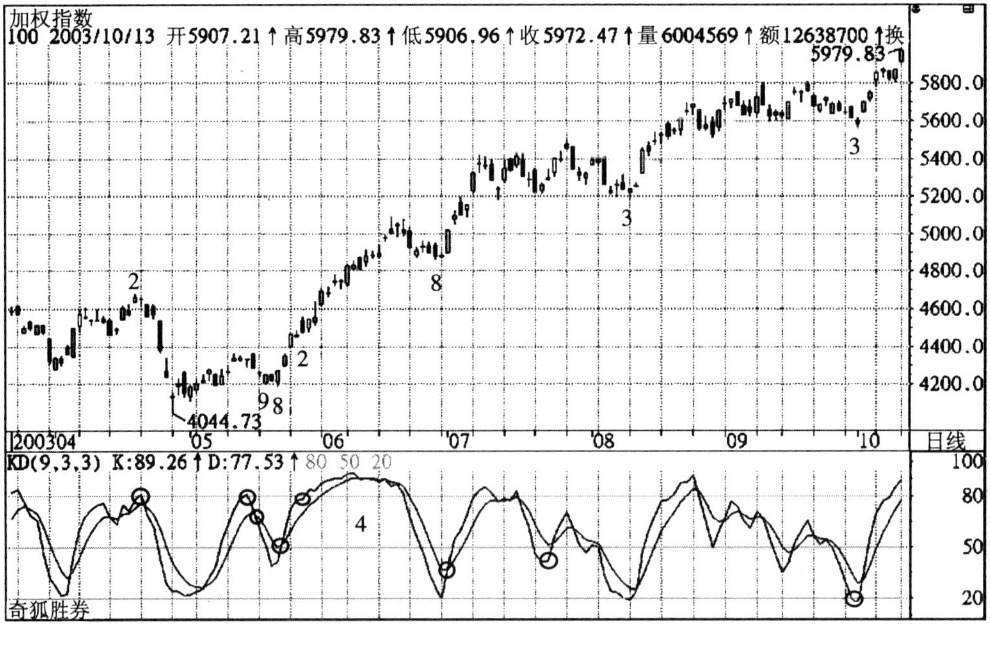

图 2 - 12

（2）K 过 80 通常会做止涨，若续涨就是轧空（图 2 -

12）。

（3）K破20通常会做止跌，若续跌就是杀多。

（4）多头趋势中，K在50之上的面积会比在50之下的面积多。

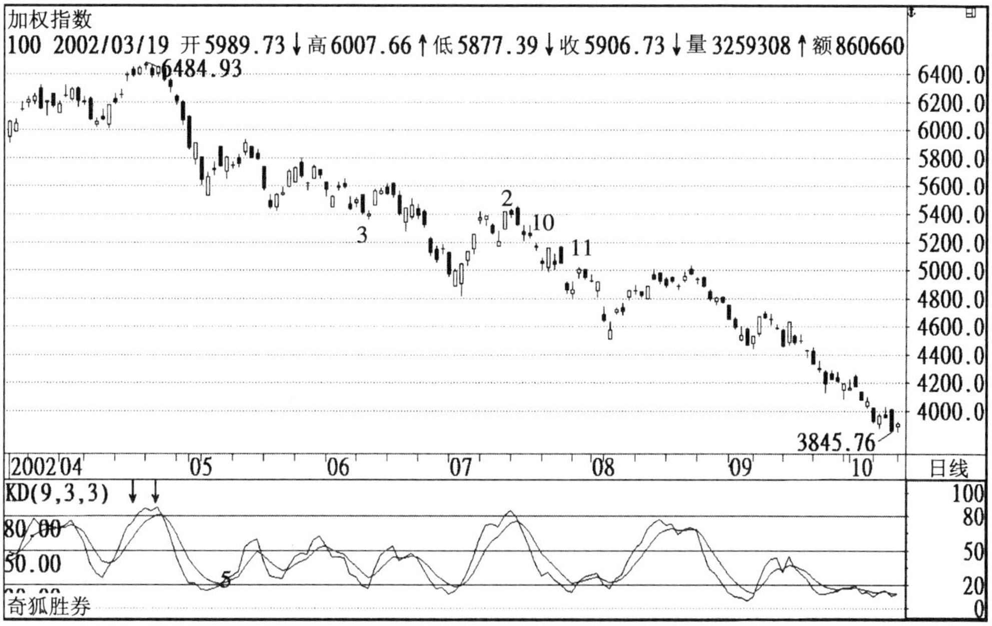

图2-13

（5）空头趋势中，K在50之下的面积会比在50之上的面积多（图2-13）。

（6）大盘整时，通常过80见箱体高点，破20见箱体低点。

（7）利用J值抓相对高低转折点。

（8）多头趋势中，KD黄金交叉要再续涨。

（9）多头趋势中，KD死亡交叉要做止跌。

（10）空头趋势中，KD死亡交叉要再续跌。

（11）空头趋势中，KD黄金交叉要做止涨。

（12）利用 KD 可以计算轧空与杀多的目标测幅。

（13）头部与底部背离只是告知上涨或下跌力道趋缓，并非一定会下跌或上涨。

（14）指标头部背离成立，需要股价拉回修正后又续跌才成立。

（15）指标底部背离成立，需要股价反弹修正后又续涨才成立。

（16）指标是由股价波动原理导引出来的，所以可用来数波浪。

（17）K 值的形态为小波段的波浪，D 值的形态为更大一级数的波浪。

（18）由于指标被限制在 0 ~ 100 之间，才有钝化的现象。

（19）破解钝化的现象，就是用实际 K 线的箱体去看上涨或下跌力道。

（20）K 均线的扣抵值可隐约用 9 天威廉做推估。

七、RSI 实战技巧

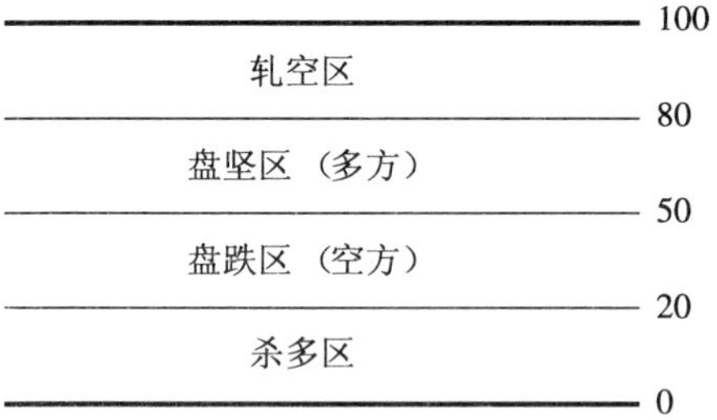

图 2 – 14

（1）RSI = 50 为多空分界线（图 2 – 14）。

（2）RSI 过 80 通常会做止涨，若过 80 后续涨就是轧空。

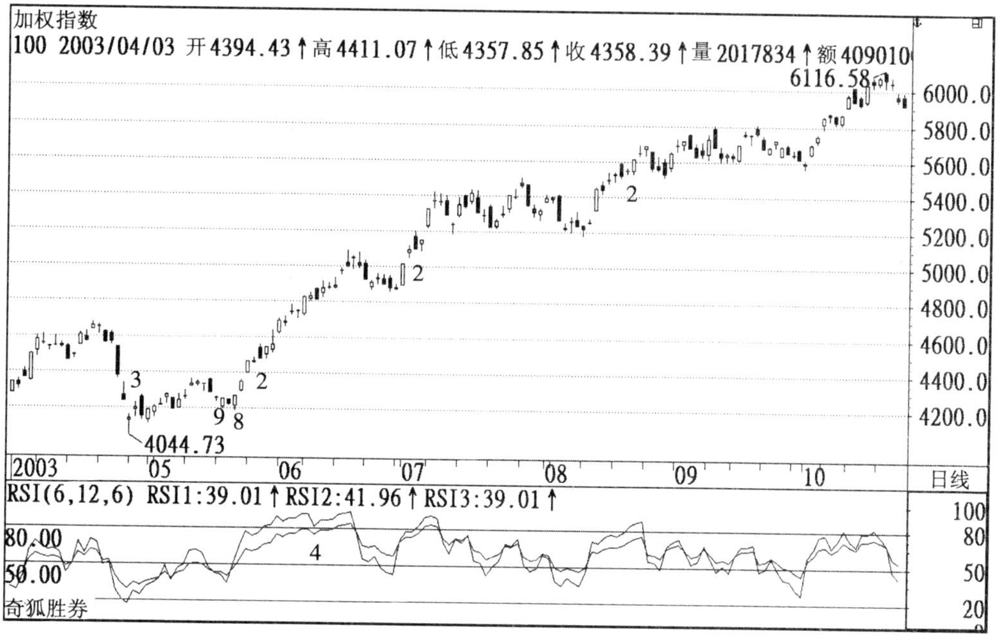

图2-15

（3）RSI破20通常会做止跌，若破20后续跌就是杀多。

（4）多头趋势中，RSI在50之上的面积会比在50之下的面积多（图2-15）。

（5）空头趋势中，RSI在50之下的面积会比在50之上的面积多。

（6）大盘整走势时，通常RSI过80见箱体高点，破20见箱体低点。

（7）收盘价的连线形态就是RSI的连线形态。

（8）多头趋势中，RSI黄金交叉后会再续涨。

（9）多头趋势中，RSI死亡交叉后要做止跌。

（10）空头趋势中，RSI死亡交叉后会再续跌（图2-16）。

（11）空头趋势中，RSI黄金交叉后要做止涨。

（12）利用RSI可以计算轧空势与杀多势的目标测幅。

（13）RSI出现头部或底部背离，只是告知上涨或下跌力

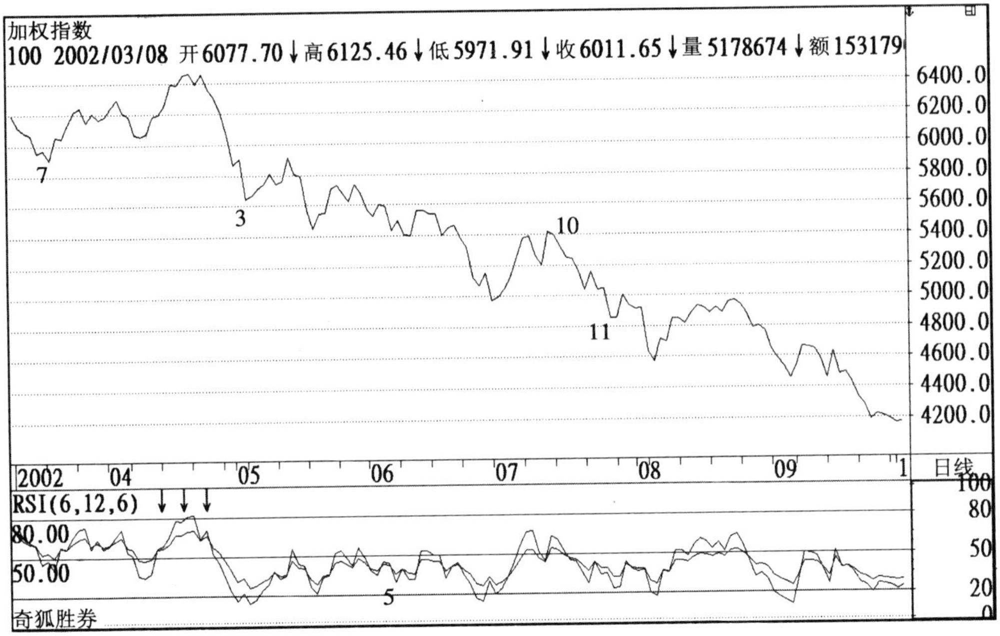

图 2－16

道趋缓，并非表示股价一定会下跌或上涨。

（14）指标出现头部背离后，需要股价拉回修正后又续跌，头部背离才算成功。

（15）指标出现底部背离后，需要股价反弹修正后又续涨，底部背离才算成功。

（16）由于指标是由股价波动原理引导出来的，所以可用来数波浪。

（17）6 日 RSI 与 12 日 RSI 之交叉处之形态就类似波浪的波数。

（18）由于指标被限制在 0～100 之间，所以才有钝化的现象。

（19）破解钝化的现象就是用实际 K 线的箱体去看上涨或下跌力道。

（20）RSI 的扣抵值可隐约用收盘价扣抵值做推估。

（21）RSI为上涨与下跌点数之集合，所以与股价波动最接近。

（22）股价可以画趋势线与判断形态，因此也可以运用RSI画趋势线与判断形态。

八、W%R实战技巧

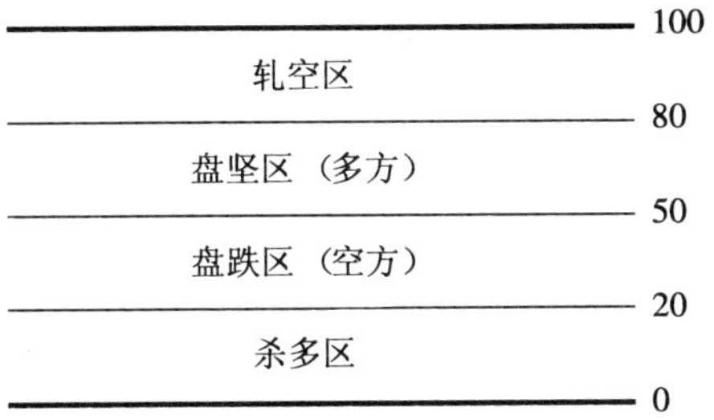

图2－17

（1）W%R＝50为多空线（图2－17）。

（2）W%R过80通常会做止涨，若续涨就是轧空(图2－18)。

（3）W%R破20通常会做止跌，若续跌就是杀多。

（4）多头趋势中，W%R在50之上的面积会比在50之下的面积多。

（5）空头趋势中，W%R在50之下的面积会比在50之上的面积多。

（6）大盘整走势是，通常W%R过80见箱体高点，破20见箱体低点。

（7）W%R指标在K线之应用就是找箱体的伸缩作为速度的判断。

（8）多头趋势中，W%R与50多空线黄金交叉要再续涨。

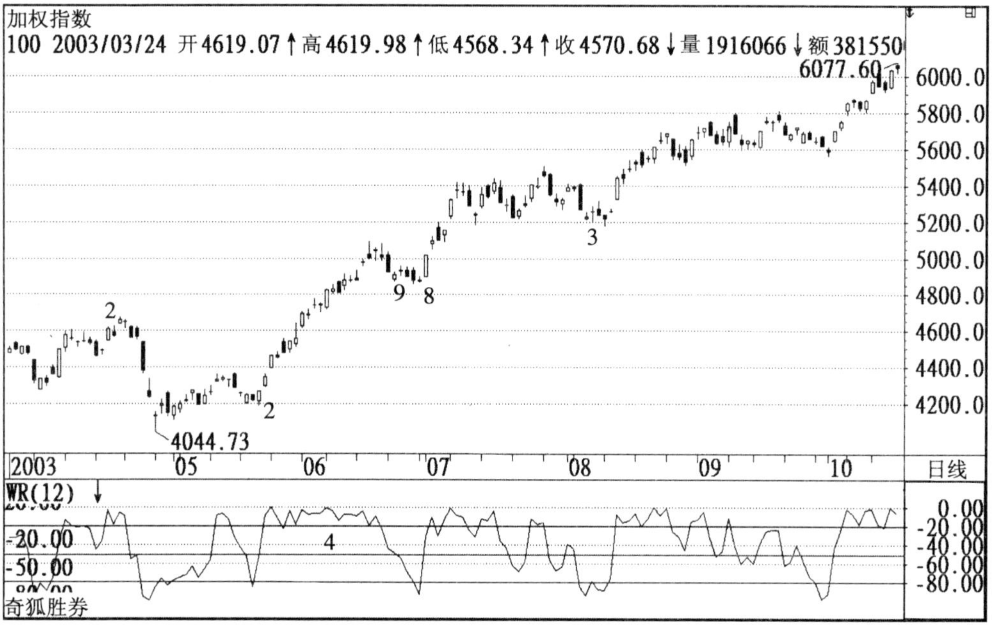

图 2－18

（9）多头趋势中，W%R 与 50 多空线死亡交叉要做止跌。

（10）空头趋势中，W%R 与 50 多空线死亡交叉要再续跌。

（11）空头趋势中，W%R 与 50 多空线黄金交叉要做止涨。

（12）利用 W%R 可以计算轧空势与杀多势的目标测幅。

（13）头部与底部背离只是告知上涨或下跌力道趋缓。

（14）指标头部背离的成立，需要股价拉回修正后又续跌才成立。

（15）指标底部背离的成立，需要股价反弹修正后又续涨才成立。

（16）W%R 贴顶（等于 100）通常会做止涨，若续涨就是强轧空。

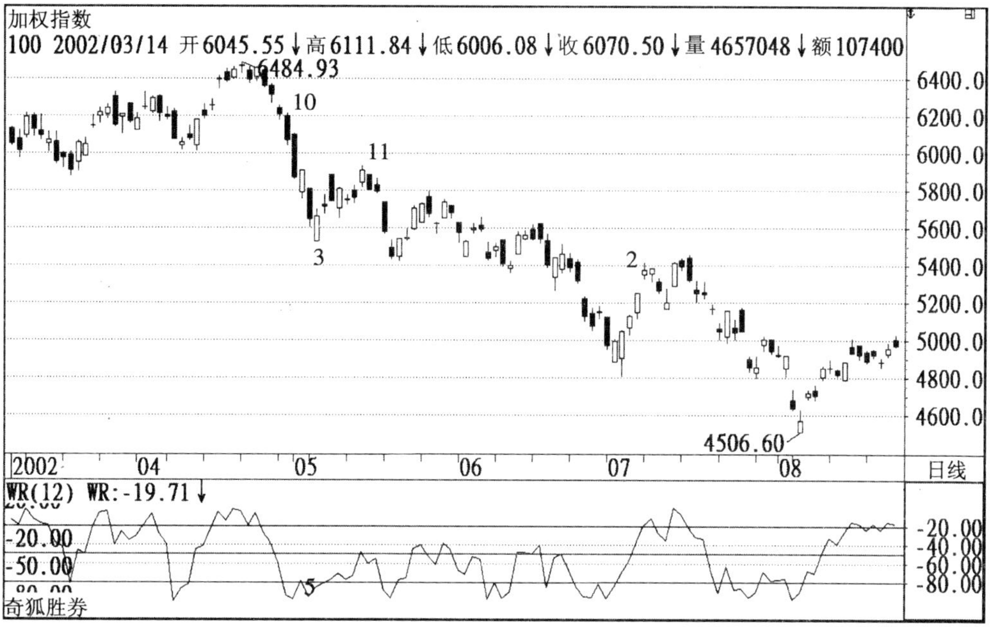

图2－19

（17）W%R贴底（等于0）通常会做止跌，若续跌就是强杀多。

（18）由于指标被限制在0～100之间，所以才有钝化的现象。

（19）破解钝化的现象，就是用实际K线的箱体去看上涨或下跌力道。

（20）W%R的扣抵值可隐约用箱体高低点扣抵值与收盘位置去推估（图2－19）。

九、MACD实战技巧

（1）零轴为多空线。

（2）多头趋势中，DEF柱状体在零轴之上的面积，会比

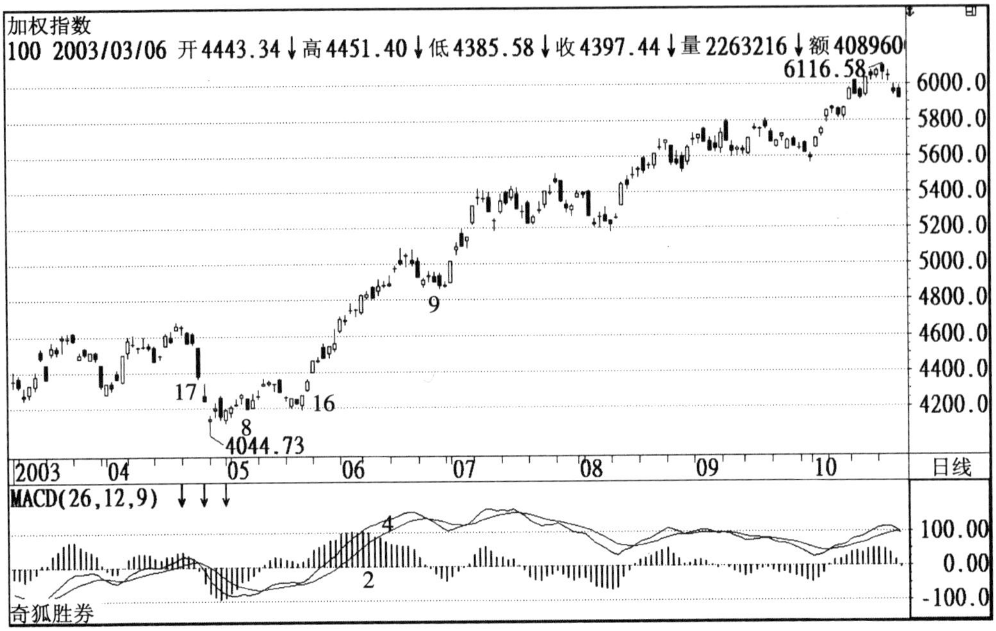

图2－20

在零轴之下的面积多（图2－20）。

（3）空头趋势中，DEF柱状体在零轴之下的面积，会比在零轴之上的面积多。

（4）多头趋势中，DIF短均在零轴之上的面积，会比在零轴之下的面积多。

（5）空头趋势中，DIF短均在零轴之下的面积，会比在零轴之上的面积多。

（6）大盘整走势，通常DEF在零轴之上见箱体高点，破零轴之下见箱体低点。

（7）用DEF柱状体之间的比较做短线操作，运用与零轴的生死叉作为中线操作。

（8）多头中期趋势中，DEF柱状体与零轴黄金交叉要再续涨。

（9）多头中期趋势中，DEF柱状体与零轴死亡交叉要做

图 2－21

止跌。

（10）空头中期趋势中，DEF 柱状体与零轴死亡交叉要再续跌（图 2－21）。

（11）空头中期趋势中，DEF 柱状体与零轴黄金交叉要做止涨。

（12）利用 DEF 柱状体之间的比较，可以计算轧空势与杀多势的目标测幅。

（13）头部与底部背离只是告知上涨或下跌力道趋缓。

（14）DEF 柱状体头部背离的成立，需要股价拉回修正后又续跌才成立。

（15）DEF 柱状体底部背离的成立，需要股价反弹修正后又续涨才成立。

（16）多头长期趋势中，DIF 短均与零轴黄金交叉要再续涨。

（17）多头长期趋势中，DIF 短均与零轴死亡交叉要做止跌。

（18）空头长期趋势中，DIF 短均与零轴死亡交叉要再续跌。

（19）空头长期趋势中，DIF 短均与零轴黄金交叉要做止涨。

第三章　实战操作技巧——均线秘技

一、以扣抵值、箱体理论抓转折

二、以目标测量、扣抵值抓转折

三、以乖离抓转折

四、跳空之处理及其思考模式

五、均线运用在个股秘技

六、网站节录文章及解析

一、以扣抵值、箱体理论抓转折

运用一条均线之多头技巧

（1）用扣抵值预估均线是否有助涨的特性。

（2）站上均线后若有续涨可做买进动作。

（3）由空转多之后，回测均线做止跌可以加码买进。

（4）多头现象就是正乖离会大于负乖离，且经常在零轴之上。

（5）盘整判断就是当股价离均线一段距离后，就会往均线靠近。

（6）盘整就是正负乖离很接近时就见到箱体高低点。

（7）利用扣抵值与乖离率找头部。

（8）均线也可用来做往上的目标测量。

2007 年 3 月 6 ~9 日 15 分钟 K 线

（1）一路下跌到 7270 点发现长阴之后，没有再出现连续的长阴破低点现象，此时即可注意是否有力道竭尽的味道。另外，由扣抵值知道由上往下扣抵高值，所以一定会有压力，通常股价还会拉回打第二支脚（双低点，或称二重底）。

（2）当 3 月 6 日 9：45 站上 MA12 时，可发现连续 3 根收盘快速由上往下扣抵，因此只要不跌就有机会做多空转换

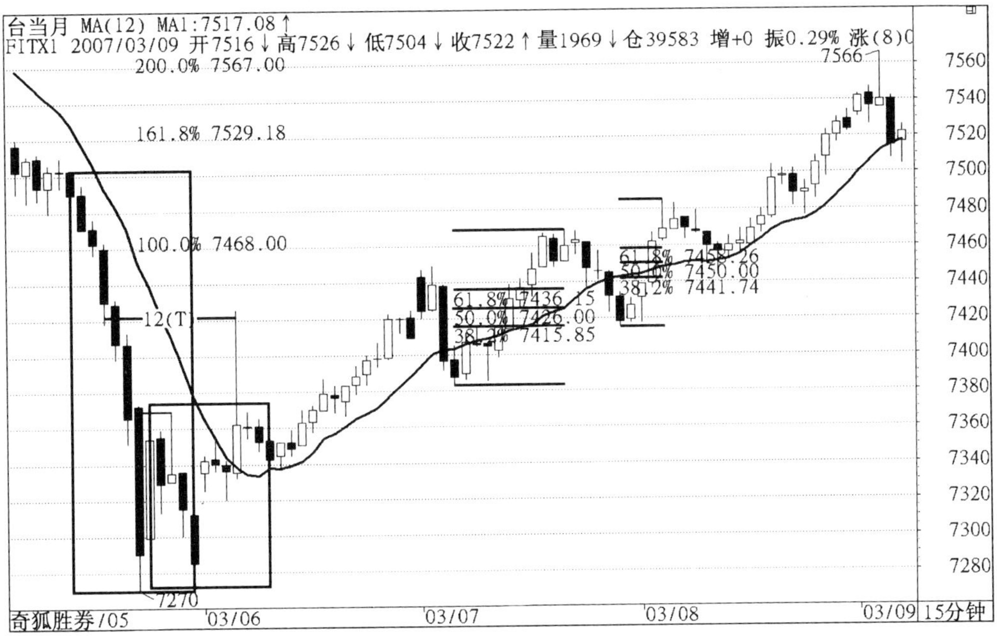

图 3－1

的动作（图 3－1）。

（3）由箱体理论可发现，大箱体逐渐转变成小箱体，代表下跌力道逐渐减弱。另外，收盘由收在大箱体的相对弱势区，逐渐转变为收在小箱体的相对强势区，代表多方抵抗力道逐渐转强。

（4）由 RSI 相对强弱指标的概念，可判断上涨与拉回力道的差异。比较 3 月 7～8 日的两段走势，由 3 月 7 日的 9：45～13：30 这段走势，可知拉回较深，但是 3 月 7 日 13：30 到 3 月 8 日 10：45 的走势，拉回较浅，由此可知其后续还有高点。

（5）由形态底部运用测量目标，得知在过 0.618 与 1 倍幅度时，一般会有较大的震荡；到 2 倍幅度时，通常可以做一小波的卖出。

（6）此套运用方法在不到 4 天，即约可捕捉到 200 点以上的利润。

2007 年 3 月 27 日至 4 月 3 日 15 分钟 K 线

图 3-2

(1) 7940 点处也可以用扣抵值来抓转折，由于扣抵值由下往上推挤，此时只能涨不可跌，若下跌又长阴，代表变盘转折成立。要抓下跌的满足点，可用箱体形态做堆箱往下测幅，如何判断满足点已到呢？依然可用扣抵值来抓，当扣抵值由上往下扣抵时，只要跌势趋缓就要注意往上变盘点（图 3-2）。

(2) 3 月 29 日 9：45 站上均线后续涨，依然可以用箱体形态做堆箱往上测幅，以扣抵值来抓满足点。但是要注意观察，此次回档位置是在前面上涨段的 1/2 之上，只是修正涨多的拉回，因此只有减码多单，没有短空一下的条件，除了想做每一小段的当冲者，否则不建议两边都做单。

(3) 第二段上涨后的拉回比较深，拉回到 0.382 附近，所以要注意反弹力道，因为这里可能是力道减缓或波浪中 B 波或 2 波的拉回，所以要看反弹力道。读者可自行测量，下跌后反弹有到 0.618 处，代表有机会是转浪的中继上涨区，可以续抱，观察后续上涨力道再做决定。

（4）另外由 4 月 3 ~4 日这区间下跌的 K 线根数与上涨的 K 线根数可以知道，反弹较少根。所以多头的意图并非用时间代替空间，而是快速做修正后再做另一波的上涨。

（5）请读者注意观察，为何第一波上涨会在 7878 点附近做拉回修正，第二波上涨会在 7915 点附近做拉回修正？请注意左边是否有破均线或形态后续跌的套牢压力呢？这就是找压力的方法，请读者多多练习。

二、以目标测量、扣抵值抓转折

运用一条均线之空头技巧

（1）用扣抵值预估均线是否有助跌的特性。

（2）跌破均线后若有续跌可做放空动作。

（3）由多转空之后，反弹测均线做止涨，可以加码放空。

（4）空头现象就是负乖离会大于正乖离，且经常在零轴之下。

（5）盘整判断就是当股价离均线一段距离后，就会往均线靠近。

（6）盘整就是正负乖离很接近时就见到箱体高低点。

（7）利用扣抵值与乖离率找底部。

（8）均线也可用来做往下的目标测量。

2007年4月16~24日15分钟K线

图3－3

（1）见8110高点后，发现扣抵由下往上扣抵，所以要维持多头，在拉回修正之余不应该再破均线后续跌，因此由此现象可以抓到高档转折。第一次急杀急跌后，只要反弹没有过1/2，显然还在空头掌控中。

（2）虽然在0.618倍幅的目标区有做长时间的挣扎与反弹，但是由反弹力道与形态可知只是在做盘整动作，除非有续涨或续跌的表态，才会有趋势的产生，最后往下续跌只好依目标测量继续往下看。

（3）到达2倍幅度可以发现下跌的箱体由大变小，力道已有趋缓的现象，再注意看乖离率也有背离的现象，因此可以再由扣抵值抓转折低点，而扣抵值由高往下扣抵，应该有压要拉回，结果发现该回不回，此时便只有补空单与做短多单一途。

只要读者好好细心的研读，会发现到处都有征兆与暗示。

（4）4月20日9：00过两低之间的高点，所以只要拉回不破低点，则趋势已经由空头趋势转为短线多方趋势。用形态箱体做堆箱往上测幅，发现到2.618倍的目标处有拉回的迹象，再由扣抵值可知，扣低值由下往上扣抵，应该要做支撑止跌，只要续跌就是要有较大的修正，所以发现有异常情况就是逢高分批出多单。

（5）请读者注意观察，为何上涨到8059点附近会做拉回修正呢？注意左边是否有破均线或形态后续跌的套牢压力呢？这就是找压力的方法，请多多练习（图3－3）。

三、以乖离抓转折

2007年3月6～9日15分钟K线乖离

图3－4

（1）下跌趋势中，发现负乖离逐渐变小，代表下跌力道逐渐变小，为了维持空头趋势则正乖离不可再变大，且正乖离应该小于负乖离，才能维持空头趋势。

（2）3 月 6 日的 9：45 变成正乖离，代表已经反弹过，若再续涨创新高，暗示已经由空头趋势逐渐转成多头趋势，所以空单应该出脱后只能留多单。

（3）乖离是股价与某周期的均线之距离，所以用 MA12 乖离率就是 BIAS12，用 MA20 乖离率就是 BIAS20，切勿用两个不同周期当作比较用。

（4）BIAS 在零轴上下的面积多寡，代表多空力道与方向。零轴之上的正面积大于零轴之下的负面积，代表多头趋势；反之，零轴之下的负面积大于零轴之上的正面积，代表空头趋势。正面积由大变小，代表多头力道减弱，反之亦然。

（5）盘整时我们会发现在均线上下游走，此时 BIAS 的面积会忽正忽负，因此可以找出此区间盘整的高低点作为箱顶与箱底，除非可以续涨过箱顶或续跌破箱底，才有趋势行情出现（图 3－4）。

2007 年 3 月 15～26 日 15 分钟 K 线乖离

（1）跳空开低或跳空开高，此时瞬间均线跟不上股价以致乖离变很大，所以若要维持多头趋势，只有瞬间见低点做反弹一途，否则续跌后将破坏原趋势方向，并形成回跌大修正的状态。因此跳空缺口补不补的现象，与补缺口的速度，都可以判断趋势是否有改变或上涨力道趋缓等现象。

（2）画平行轨道区域时，可注意观察 BIAS 是否经常在零轴上下游走，这代表盘整的行情。但是盘整有两种：一种是盘坚，一种是盘跌。分辨方式依然可以用正面积大于负面积为盘坚行情，负面积大于正面积为盘跌行情。

图3－5

（3）从低点7435～7940中间约500点，这种盘坚形态比喷出走势还恐怖，看似每天都是小阴小阳，但从3月15～27日不知不觉涨了500点，这告诉我们多头就是底部越垫越高，没有跌破两高之间的最后一个低点，趋势依然往上。所以做波段确实在有趋势时利润还蛮大的，如何不取于相（K线的阴阳），如若不动（持有）就是一种休养。

（4）读者若有兴趣，在图中每一段的高低点做三分法后，是否发现拉回多空均衡点1/2处，通常都做止跌？把最基础的概念介绍给大家，就是不取于相的做法。若单纯看K线，您会觉得长阴线很恐怖，但是用箱体与组合K线来看，它只是拉回而非回跌，因此就可以如若不动的续抱，请读者多多参透“不取于相、如若不动”的真意。

5. 注意看每次上涨都有碰到上轨道附近，在7940点已经没有碰到，代表力道有减弱的味道。每次在下轨道都做止跌，结果7940点下跌这段跌破后续跌，已经暗示我们趋势往下修正。且BAIS的正乖离变小，也再次支持我们的想法，在7940点附近看到的长阳就不用太高兴，因为可以判断出高档力竭长阳机会大（图3－5）。

四、跳空之处理及其思考模式

图3－6

（1）空头趋势中，为了维持跌多涨少，高点越来越低，所以就算有利多开高，短线已经反应过利多后，应该要往原趋势走才对。也就是空头趋势中，利多开高后有8成的机会是做止涨，不可追多，因为往下补缺口的机会大。由于很多做隔日冲或短线的人会因为原本趋势看对，但是一开盘大涨而害怕出场，结果一出场后，盘势继续往下而去，操作久了就失去信心，并对系统抱持怀疑之心，这样将会造成每次要止损就会犹豫不决。因而在此提供简单的股价波动思考逻辑，即可破除跳空处理的问题。

（2）多头趋势中，为了维持涨多跌少，低点越来越高，所以就算有利空开低，短线已经反应过利空后，应该要往原趋势走才对。也就是多头趋势中，利空开低后有八成的机会是做止跌，所以不可追空，因为往上补缺口的机会大。

（3）如图3－6所示，注意看1、3、5、6往下跳空，股价后续的反应。1、3、5在空头趋势，所以利空一定是续跌概率大；6是在多头趋势中，所以跳空做止跌后，往原趋势续涨。注意看2、4、7、8往上跳空的例子，只有4需注意，若读者误认为有续涨的机会，那就是思考补1的缺口之后，是否会有人因为买多单套牢很久，想要解套，而拉回机会大，因此不会在开高接近下降缺口去追高买，只会利用套牢卖压出笼拉回止跌时逢低买；既然要往上攻击，大阳线就不应该立即被吃掉，若发生此现象，就要怀疑此大阳线为高档力竭的大阳线，一往下修正可是会有一大段幅度。

五、均线运用在个股秘技

运用两条均线之多头技巧

（1）先用短均线抓第一次买点。

（2）短均线由下往上穿越长均线，形成黄金交叉后有续涨，为第二次买点。

（3）长均线往上、短均线往下，形成死亡交叉做止跌，为第三次买点。

（4）利用长短均线之间的差离值，可以抓相对转折点。

运用两条均线之空头技巧

（1）先用短均线抓第一次空点。

（2）短均线由上往下穿越长均线，形成死亡交叉后有续跌，为第二次空点。

（3）长均线往下、短均线往上，形成黄金交叉做止涨，为第三次空点。

（4）利用长短均线之间的差离值可以抓相对转折点。

均线交叉及扣抵值的运用法

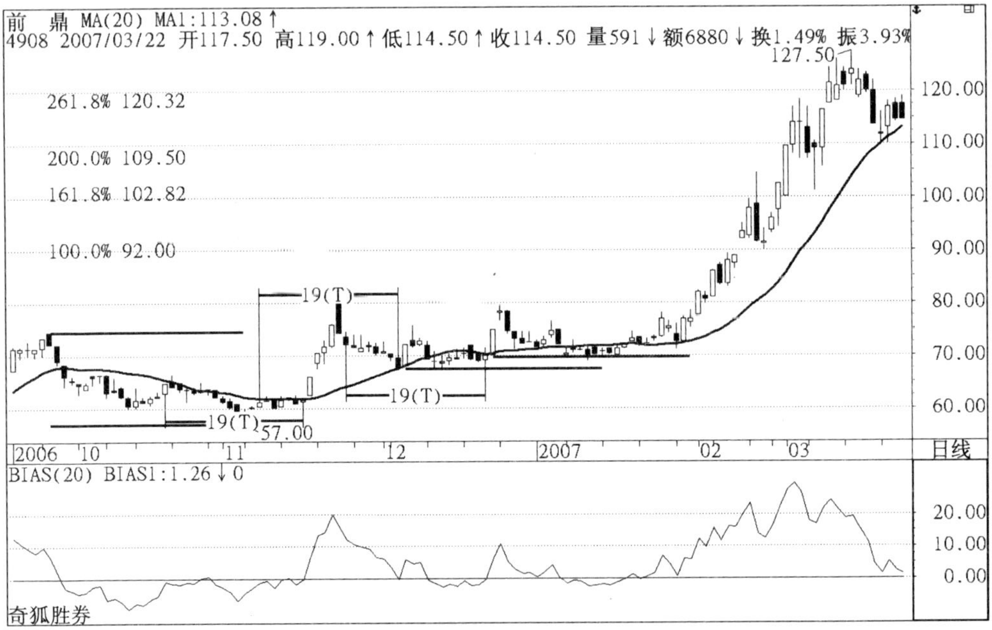

图 3－7

（1）股票通常用 MA20 作为中线的控盘，所以在盘整约 20 天后，我们发现有一根大阳线站上 MA20 且收上前面 20 天的扣抵值，以此阳 K 线当防守点，可做逢低买的动作，此时因均线已经由走平并微微上扬而有助涨的力道。

（2）股票站上均线后续涨，就是趋势逐渐转换成多头的意思，这也就是黄金交叉后续涨的买点。当股价过前高74.5，依照股价波动原理会有之前追高的套牢卖压，所以拉回修正是正常的，由于扣抵值还在低档，此时均线有强力的助涨力道，因此破均线后，通常会做止跌再上攻，这就是死亡交叉后做止跌的买点。确实隔天又一根大阳线收过均线，所以移动停利防守点就是此阳K线的低点，奇妙的是，后续的K线收盘后都没有跌破此K线。

（3）后面又再盘整约20天，扣抵值由下往上，将造成均线走平而有往下弯的机会。此时又来一根大阳线站上MA20，且收上前面20天的扣抵值，再次以此阳线当防守点做逢低买的动作。此时移动停利防守点就移到此阳线的低点，奇妙的是，后续的K线收盘后又是没有跌破此K线。

（4）最后再过前高80元后，做小抵抗就续涨，这时就知道主升段轧空开始了。依照形态的测幅得知，若为底部，至少要满足1倍幅以上，最后到达3.4倍幅后做拉回修正。

（5）目标测量的意义为，碰到某一个关卡有转弱，就须小心满足点，若没有强力拉回，就续看下一个目标直到满足为止（图3－7）。

由惯性改变抓转折

6142友劲－1（空）

（1）如图3－8所示，从38.27高点开始往下跌，下跌箱体是由小变大，所以并没有做多或抢多单的理由。而38.27高点之前的末升低跌破后，反弹才1/3左右，因此往下修正是必然的事。注意观察跌破后再次突破MA65时就做止涨，此时长线已经确认转空了。

（2）跌破末升低后，至少可以当作A波用波浪尺往下测

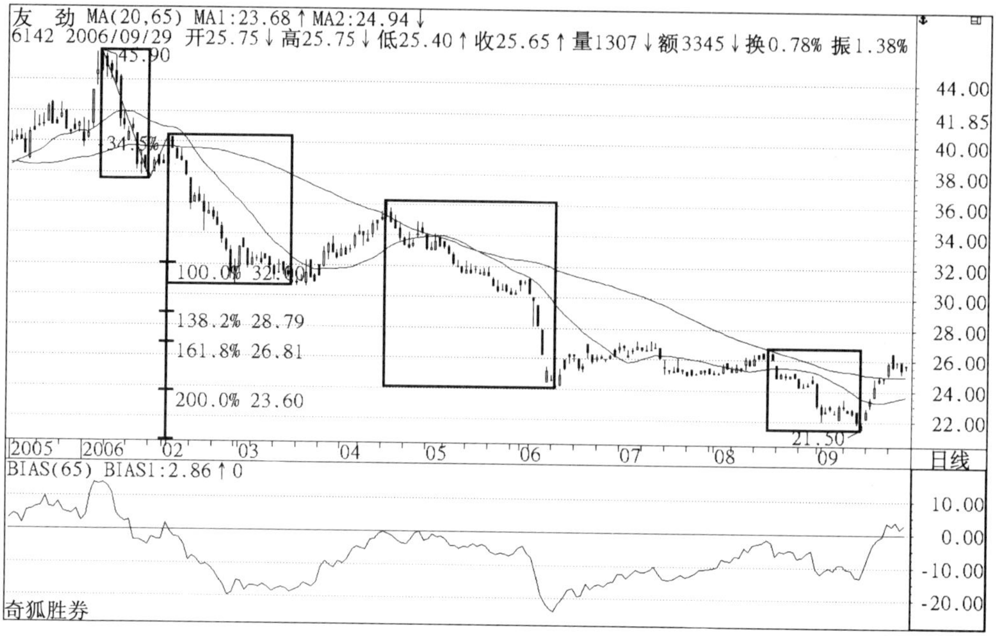

图 3－8

幅，观察 1、1.618、2 这三个目标测幅都有做反弹，但是破 1 倍幅度时，反弹约有过 1/2；破 1.618 倍幅度时，反弹没有过 1/3。所以，依照下跌力道逐渐增强与反弹力道逐渐减弱的原则，应该要再续大跌，除非箱体变小加上反弹力道为强势，就会改变下跌惯性而由空转为多了。因此，要注意惯性的改变就是抓转折之秘诀。

（3）注意 2 月 14 日 MA20 和 MA65 做死亡交叉后续跌，所以确定要走至少 3 个月的修正。另外，死亡交叉处为中长期成本接近时，若续跌则代表在死亡交叉附近买进的人都套牢，所以这就是为何下跌 1 倍幅之后的反弹，会在画框处附近做解套后的拉回。

（4）注意观察每次股价与 MA65 做黄金交叉就是高点，这符合长线的股价波动原理。直到 9 月 25 日股价与 MA65 做黄金交叉续涨，代表中线买点已经出现。此与前面所提的注意惯性的改变不谋而合。

（5）另外请读者看看，BIAS 有暗示您那些信息呢（图 3－8）？

6142 友劲－2（多）

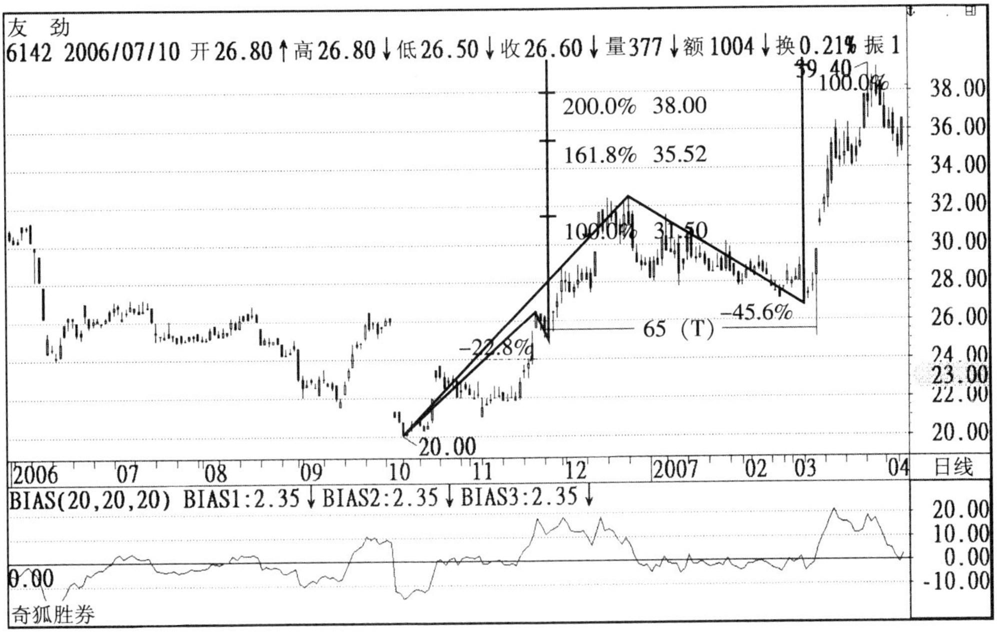

图 3－9

（1）20 元之前的末跌高有过之后，只要拉回没有破低点就可以开始做多，至少有 C 波上涨。注意观察原本下跌后反弹过 2/3，然后过末跌高之后拉回也不到 1/3，所以知道后面的 C 波应该很强才对。确实很快看到 1 倍幅才有用时间拉回修正，而空间修正依然很弱，因此还有续涨的空间。

（2）依然可以用箱体观察。不难发现，箱体都是越来越大的趋势，过末跌高之后一直在月线之上，再加上拉回不到 1/3左右，这两个条件告知，多少一定要去试多单，往上可以先看 1 倍幅附近。

（3）满足 1 倍幅之后又过中级数的末跌高，只要拉回守住多空均衡点，就可以推估后面还有一波的机会，故拉回以找买点居多。注意观察跌破 MA65 时有无续跌，再加上扣抵值越接近收盘价时，一定要做表态，否则就会修正更深。这次拉回也很接近此段的多空均衡点附近，所以更知道可以试单。结果在扣抵值推挤成功之下，出现大阳线往上续涨。

（4）以上就是利用均线的扣抵推估可能的落点，并利用过末跌高之后，拉回守住前低，至少还有一波可赚的观念。亦即利用中长线保护短线的观念，季线没有转弯向下时，是以拉回做多为主，就可以抓住一个波段行情（图 3－9）。

6142 友劲－周

图 3－10

（1）请读者注意观察下跌时箱体的宽度与深度，还有箱体重叠的部分有多少。我们可以发现，前面几次下跌幅度都很大，且下跌约 10 周上下，前面箱体重叠部分较多，代表反弹力道较强劲；后面箱体重叠部分较少，代表反弹力道较弱；最后一波下跌幅度最小，所花时间最长，可以预估下杀力道用尽，找抢反弹买点。

（2）在 MA20 和 MA65 死亡交叉后续跌往下，就要知道以后若有机会反弹到画圆圈的地方时，要注意有想解套的套牢卖压；后面果然急拉于此就做较大幅度的回档。另外，在 32.5 点附近也是过颈线 1 倍幅附近，同时也是 MA65 往下压应该会拉回的位置，所以逢高分批减码是必然的。

（3）过末跌高之后拉回，接近 1/2 与 MA20 往上助涨的条件下，可以开始买多单赚往上 C 波，发现于 1 倍幅与 1.382 倍幅都有较大的拉回。读者是否发现每次拉回都守 1/2，且均线都还在往上助涨，箱体也没有缩小，还会有高点，所以下次目标就是 1.618 倍幅。

（4）由于已经接近扩大浪，所以在与过形态颈线 1 倍幅及波浪 1.382 倍幅的目标很接近，且为下跌的发动点时，就要注意拉回解套的力道，预估下次上涨有机会挑战 53.3 点月线大颈线的高点。做股票就一步一步往上看，除非跌破末升低后不再创新高，才有机会做头下来，趋势没有改变就一直做多，这样才不会在卖完之后，后面涨的更多，波段操作就是让趋势带您出场（图 3－10）。

2458 义隆电

（1）当下跌到最低点 11.65 时，沿路可以发现下跌的箱体越来越小，可以用扣抵值寻找买点。当第一次站上 MA20，读者可以数一下，扣抵值由上往下扣抵，所以应该是助跌要拉回，结果只是小跌，一直守在 MA20 均线之上，因此知道惯性改变了，往上续涨机会大。

（2）周线最后一个末跌高是 17.3 点，股价过了之后拉回不破低点 11.65，就至少还有一个反弹 C 波可做。从 19.1 点拉回约 1/2，且碰到 MA20 和 MA65 均线的支撑，注意看扣抵值还在往上推挤，此为拉回买点，最后目标点以波浪和底部

图 3－11

形态测幅约在 20～21 点之间，所以见高点拉回。

（3）再从更大级数来看，过末跌高之后没有破低点 11.65，还会有一个大 C 波可投资。当后势在 MA20 和 MA65 做死亡交叉，做止跌且续涨，因此这次为长线的买点。再来又用大阳线站上 MA20 和 MA65，所以更确认大级数已经启动，在过 21 的 A 波高点后又续涨，就先过颈线后往 1 倍幅去，最后过 2 倍幅之后才小拉回。

（4）注意观察箱体（高低幅度）几乎都没有缩小，所以知道这是主升段的喷出。策略就由原本 C 波修正为第三波，看月线的末跌高在 37.5 点，再不拉回就是更大级数的上涨，用波浪与形态底部测量后，可知道在 63 元之上有较大的震荡（图 3－11）。

2340 光磊

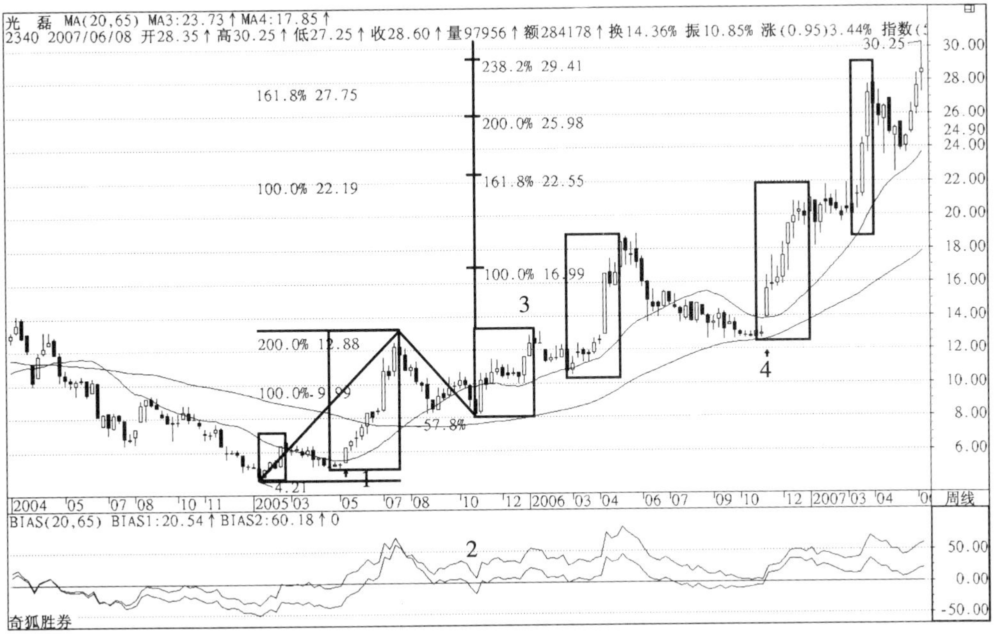

图 3－12

（1）2005 年 5 月 13 日第一次大阳线站上 MA20，且扣抵值由上往下扣为助跌，收上扣抵之后再续涨，就知道周线级数反弹开始。过颈线后又续涨就往 1～2 倍幅看。这里箱体由小变大，力道有逐渐变强的趋势，拉回也在 1/2 与 MA65 开始推挤之下可以注意买点。读者注意观察 20BIAS 的正乖离一直都比负乖离大，所以趋势一路都是多头趋势。

（2）过末跌高 9.35 点之后，通常会有解套卖压做压回的动作，此时先视为 A 波，等候 B 波修正后的 C 波要发动的买点。A 波拉回破 1/2 在 65 周的 BIAS 破前低时，注意日线止跌回升再攻击的买点，这部分请读者转到日线去观察。

（3）我们可以用箱体去看每一段走势的力道是否有减缓，并用箱体间的重叠部分看其拉回的幅度，判断空方力道的强弱。在过末跌高之后的高点 13.2 先当作 A 波，拉回再发动就可以用波浪做 C 波的规划，若又该回不回，就再改成第三波。这就是波浪理论可以依照后续发展做规划的修改。

（4）图 3－12 中 2006 年 11 月 10 日为另一次的起涨点，请读者观察在股价高低点波幅缩小之际又接近 MA65，且其扣抵值依然是由低往上的推挤助涨，所以要注意 MA20 由上往下扣抵的助跌力道，结果 2006 年 11 月 10 日出现一根大阳线过 20 天的扣抵值，这已经暗示还没有加码成功者手脚要快了。

（5）读者可以注意，股价与 MA20、MA65 的远离与接近的方法，可以大致看出波浪理论的波动。先用大 A－B－C 作为规划，等后续有变动时，再改成五波上涨模式，这样对于波段操作者已经足够，不须太执着于数浪之中。

2369 菱生

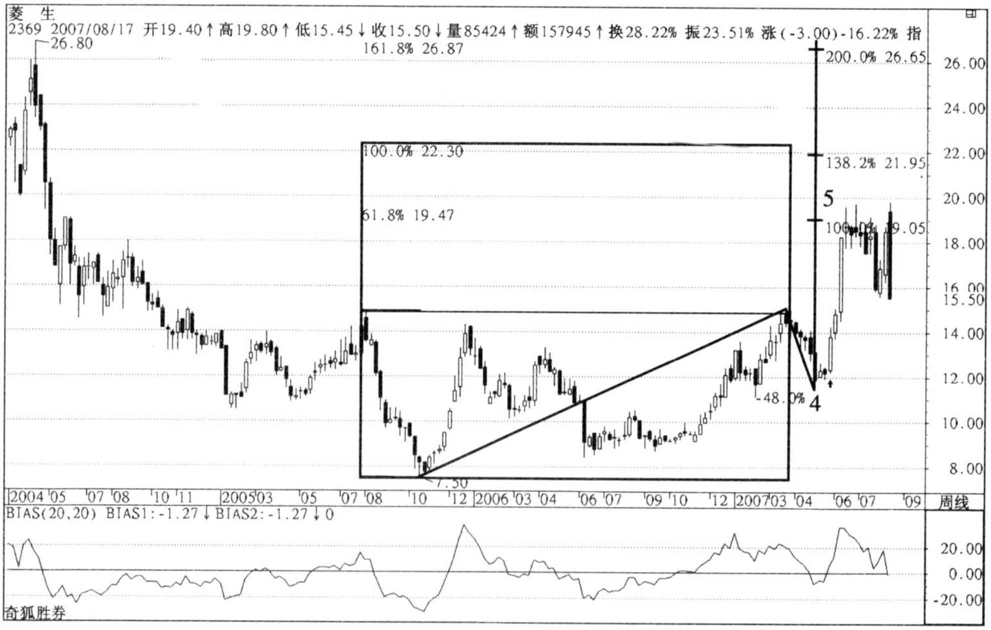

图 3－13

图 3－14

（1）菱生于 2007 年 1 月做大箱体区间震荡修正到 5 月底，我们从周线看其线形可以很清楚看到周线末升低 11.1 点未跌破前，多头趋势还没有改变的疑虑下，只有找拉回修正完毕后的短线再发动的买点。2007 年 5 月 22 日的 12 天扣抵值在收盘之下有助涨的机会，再加上收上月线 MA20 之后已经有小底成形的机会，只要后续再涨，就可以确认至少会先往箱顶挑战。

（2）2007 年 5 月 22 日之后，连续两天都大涨就要加码完成，接近箱顶再确认是否该减码。在波浪的测幅中，我们可以用叠箱原理，把前面大箱体整理的幅度做箱体移转的动作，这就是每一段上涨用前面上涨段的幅度，判断后续力道之增减的方法。我们发现往上到 1 倍且创箱体的新高之后，是用大阳线攻过的，在前面两根 K 线是用先蹲后跳的两阳夹一阴中继换手 K 线组合而成。

（3）股价到达2倍幅度后，我们发现当天马上收阴线；隔天开高之后走低，做日落线，有短线力道竭尽的意味；再者连续12天都在小区间做震荡，若扣抵开始往上推挤，却没有再往上攻，就有机会往下做较大幅度的修正；再加上20天的BAIS有头部背离的迹象，持股者可以先做减码，等候拉回修正后再分批接回。

（4）从周线图3－13中可以发现，2007年3月23日过末跌高之后，拉回接近1/2，周线的末升低之间有做止跌。在此布局多单往下破11.1点，赔不到1元；往上过15.1点，至少会赚3元以上；若运气好，可以赚一个大箱体到19.1点附近。所以这位置就是风险利润比有利于布局之位置。做好止损与往上目标点的规划，依照计划执行，就会达到赚多亏少的投资。

（5）从周线图3－14中可观察到堆箱与叠箱的差别。用堆箱的目标较远，所以上涨力道要更强才有机会；另外用叠箱的意思跟波浪原理很像，到达等浪处刚好与堆箱的目标0.618倍找到目标共振，所以从日线观察转弱后先减码的策略是很正确的，只要从日周月观察短中长的趋势，就会很清楚自己所处投资之段落。

六、网站节录文章及解析

以下是在网站上曾发表的文章，现再补充解说。

均线与BIAS配合抓转折

2007年2月18日11：16：06

我们以均线作为趋势，BIAS作为抓转折点的工具，以抓BIAS的颈线为观察点即可。举例如下：

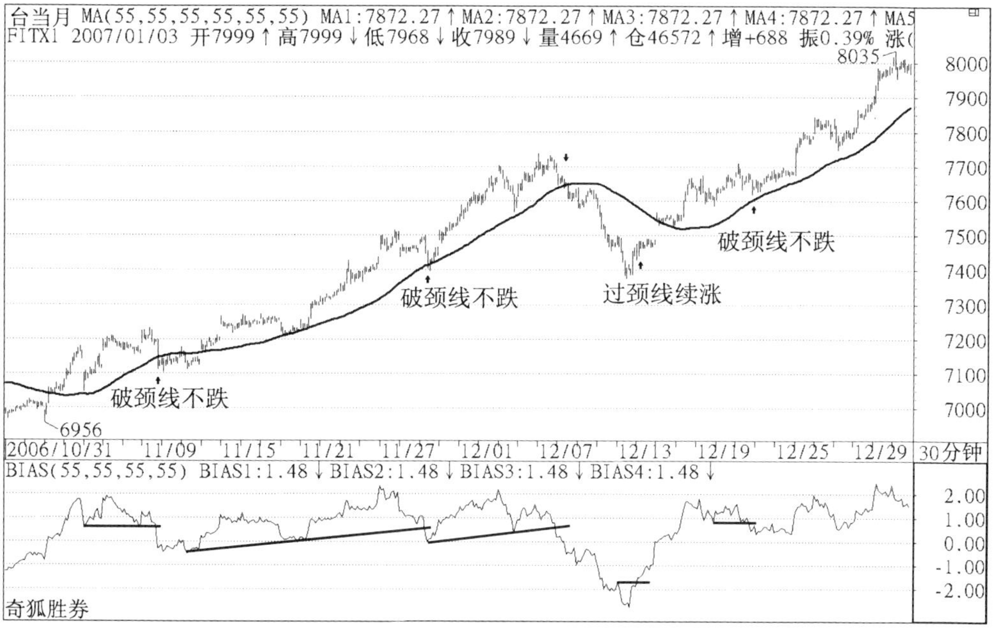

图 3－15

这是用 BIAS 再次确认均线的可靠性，指标有盲点是大家都知道的。

解说：>>>

因为股价要维持多头趋势，即涨多跌少，才能让低点越来越高。所以正乖离一定会比负乖离大，也就是当 BIAS 破颈线（前低）时，应该为了维持多头趋势做止跌不可续跌，因此只要没有续跌，就可以抓到相对低点了。

如图 3－15 所示，12 月 7 日破颈线有续跌，所以造成较大的修正。注意看 BIAS 大于 2 见高点，正乖离应该要大于负乖离，所以 12 月 13 日的 BIAS 破－2 以后，就是拉回的极限，应该做止跌才能维持多头趋势。

以上就是简单的波段操盘法的逻辑思考。

正宗 BIAS 期指波段秘籍

2007 年 3 月 6 日 21：54：05

BIAS 用在底部背离或顶部背离的准确性极高，也可以用在趋势线上，我们坚持用最简单的指标与易懂的方式教会大家。

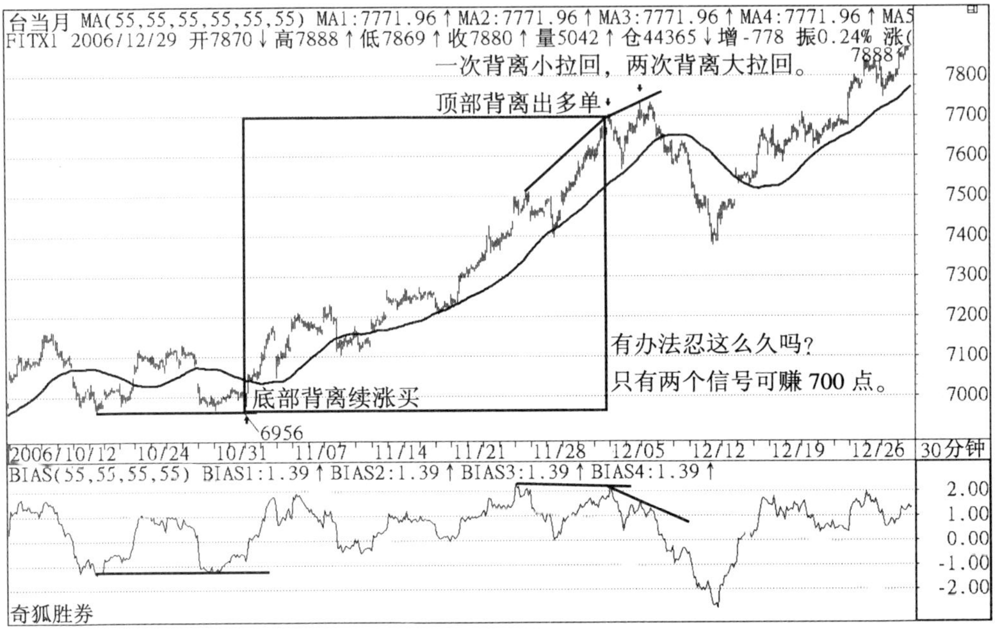

图 3－16

解说：>>>

股价波动原理可以想成是五波上涨，在第三波通常涨得很快，但是均线扣抵值却是在扣抵前面第二波修正的位置，所以此时正乖离会扩到最大；等到第五波时，力道转弱，但是扣抵前面最快的 K 线，因此很容易造成头部背离的现象。若股价沿着原趋势上涨，就算有头部背离现象，也不会破均线后续跌（图 3－16）。

反之，头部背离后股价再续跌，就由多方转成空方。底部背离后股价再续涨，就由空方转成多方。所以简单的正负乖离观念与波浪观念，可以破解指标的盲点，因为趋势不会马上改变，都有其惯性。

四均线纠结即将大涨

2007年3月10日19：20：11

此档刚好四均线纠结，RSI过颈线，周一续涨有轧空行情，同样有权证可以帮助大家以小搏大，若是人民币续升值，应该对公司有些许帮助吧（图3－17）？

图3－17

2007年3月13日13：55：32

预估快一点就明天发动，慢则下半周会发动，此档也有权证可以小试单，不宜全押。守住缺口为上肩缺口形态，中继再涨。

2007 年 3 月 15 日 14：12：44

今日过高收十字线，明天可以收过 32，则今天十字线为中继再涨，因此做权证可于此以小搏大！

2007 年 3 月 19 日 11：05：48

今日权证已经获利良多，可以分批出场，前几天说的十字线果然是中继换手，权证操作法则再最好卖时先分批出。恭喜大家！

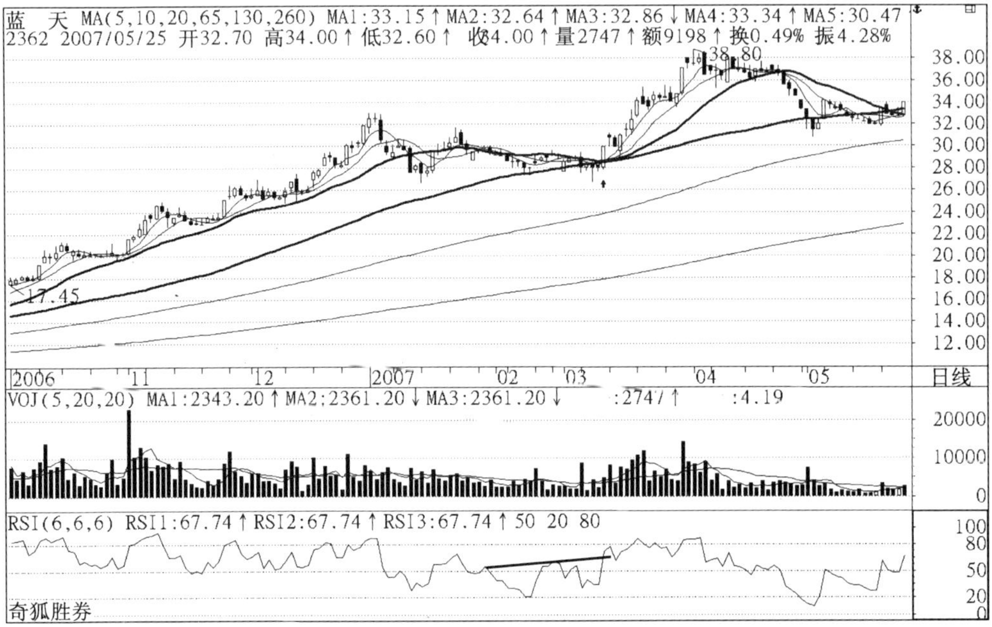

图 3－18

解说：>>>

短中长均线的纠结就是告诉我们，股价于之前已经过大区间的整理，所以短中长的均价逐渐靠近时，即为所有人的成本靠近，若还要盘整或有人想要解套，应该就不会续涨，若续涨则代表大区间整理完毕，应该有另一波的涨势（图 3－18）。

再由 RSI 过颈线后，若是盘整通常会止涨，若续涨就是波段喷出，此时前高必过，不需等到箱顶才知道趋势往上，才要买进。

38.8 附近也做了约 15 天的盘整，由扣抵值知道，若要维持多头趋势应该要趁扣抵值由低往上推挤时，续往上攻击，这种状况就是不进则退的想法。结果续跌后做一个较大的回档。

只要把股价波动原理想清楚，就可以清楚判断是续涨或者止涨的现象，也可轻易抓到转折点，任何现象都是有迹可循，并非事后诸葛亮。

台指均线操盘法

2007 年 4 月 10 日 22：12：30

简单均线操盘法：可以轻松看一条线操盘即可，简单易懂好用好看。口诀为：站上均线守住当根 K 线的低点，买进。跌破之后守住当根低点不破续抱，跌破出场。反之亦然。

图 3－19

2007年4月11日06：55：57

我们使用的是MA12，低点收破才出场，因为均线是收盘价的平均值，所以收盘跌破关键防守点就出场（图3－19）。

解说：>>>

空头趋势中，通常站上均线时就会止涨，因为股价已经先反弹过才会站上均线，此时若要维持空头趋势，只有止涨续跌这条路，若再续涨就是回升的开始。

同理可证，股价站上均线后有续涨，代表趋势已经转多方。

因此，只要跳空跌破均线，股价就已经修正过了，应该做止跌后的拉升。所以在有跳空往下缺口时，要分辨趋势是多方还是空方，并且往后的股价反应也是用来判断趋势改变与否的方法。另外，若用目标测量也可抓到可能转折的满足点。

2007年4月11日09：03：25

均线还有很多好用的东西，比如说黄金交叉、死亡交叉、扣抵值、BIAS抓转折、三均线纠结、双均乖离、助涨助跌、方向引导、活眼、死眼、凹洞，等等，十几种技巧可以抓住任何转折。所以简单易懂的东西，其实也是博大精深的。

2007年4月11日10：48：05

利用此均线操盘从3月3日到目前为止，只有买、加码、出多单、第二次买进，这四个信号，其余都是确认低点有无跌破，没有就续抱。真的是好用的波段操盘法，请各位好好研究一番，必能赚到波段的钱。

2007年4月11日12：12：07

会波浪再加上用均线操作，胜率会更高，这也是一种操盘技巧，因为用波浪通常会有似是而非的时候，加上均线辅助这系统会很强大，请参考。

2007 年 4 月 11 日 19：10：42

不知道大家是否有发现，这两波上涨均线的切线角度都大于 45°，还没有转弱的迹象，所以续抱无疑。

2007 年 4 月 11 日 21：51：07

这里的重点是，真假跌破与真假突破的定义与判断方法，站上均线续涨就是真突破，跌破均线没续跌就是假跌破，有续跌就是真跌破，所以比较左边第二个箭头与第四个箭头之差别（图 3 – 20），就能体会续跌与否的道理。

图 3 – 20

以上是用在 5 分钟 K 线，盘整会小赔，有趋势会大赚，向上的箭头是买入信号，向下的箭头是卖出信号。

2007 年 4 月 12 日 22：02：04

不知道大家是否发现，今天均线的斜率已经转弱了，这是否为变盘的征兆呢？请小心谨慎！

2007 年 4 月 17 日 23：06：48

盘整就是在均线上下震荡，过均线不续涨、破均线不续跌。重点是找到一个高点与低点做盘整，等突破信号再动作即可，何必每段都做，休息等待机会也是一种修养。

2007 年 4 月 22 日 21：13：59

周五会轧尾盘于均线已经有玄机，12：25 之后回测均线都有支撑，就知道不会回头了。

2007 年 5 月 15 日 15：05：49

波段行情结束：多头就是低点与高点越来越高，所以破最后一个低点后，反弹无法创新高，就有机会反转或修正拉回。反之空头亦然。实务上要如何操作，将于日后也会写进书里，若有任何困难请传讯告知，能帮多少就帮多少，虽然很感慨，但是我也只能随缘了，祝福大家能福慧双修！

2007 年 5 月 16 日 11：06：16

均线一定可以对付盘整，只是看您有没有反向思考罢了。过均线后没有续涨见高点，破均线之后没有续跌见低点，把高低点画出来，只要没有大阳线或大阴线过上下区间，一定就是盘整盘（图 3－21）。

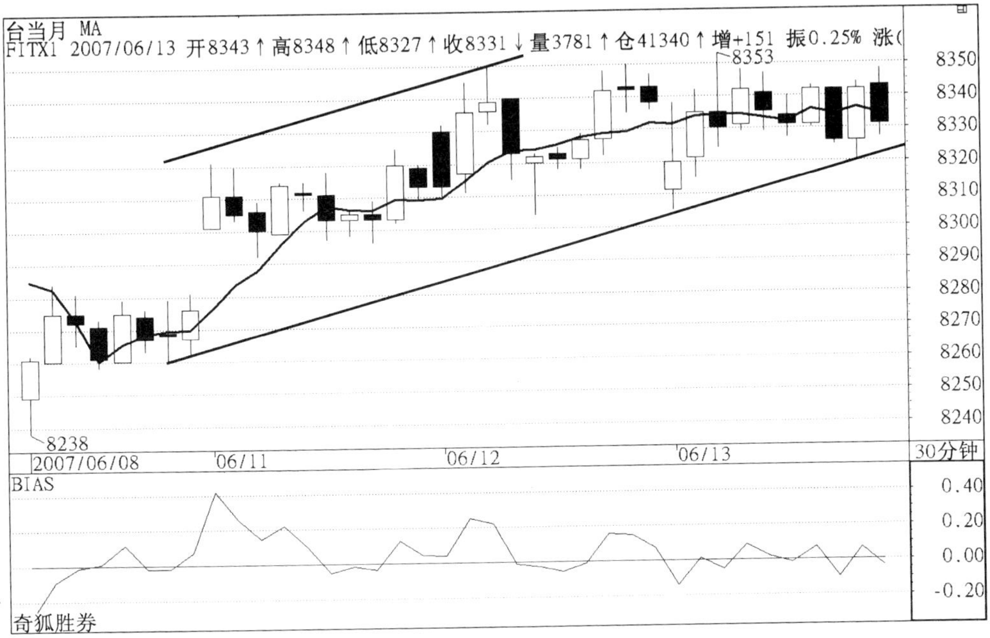

图 3－21

解说：>>>

盘整有盘坚与盘跌，所以用正负乖离的观念可以知道，盘整就是在均线上下游走，即盘坚是股价在均线之上会较远，在均线之下会较近；反之，盘跌是股价在均线之下会较远，在均线之上会较近。

由简单的现象化成指标，就是正乖离率与负乖离率的比较，请读者注意体会是否过 MA6 均线后没有续涨，破 MA6 均线后没有续跌呢？这样就把盘态给判断出来了。

台指均线与 BIAS 操盘法

2007 年 4 月 11 日 22：25：58

我们可以利用 BIAS 来提早或同步确认，会跌破或站上支撑与压力。用 BIAS 画颈线与下降压力线等来确认 BIAS

过压力时往后K线也会收过，为不错的抓转折方法，请参考（图3－22）。

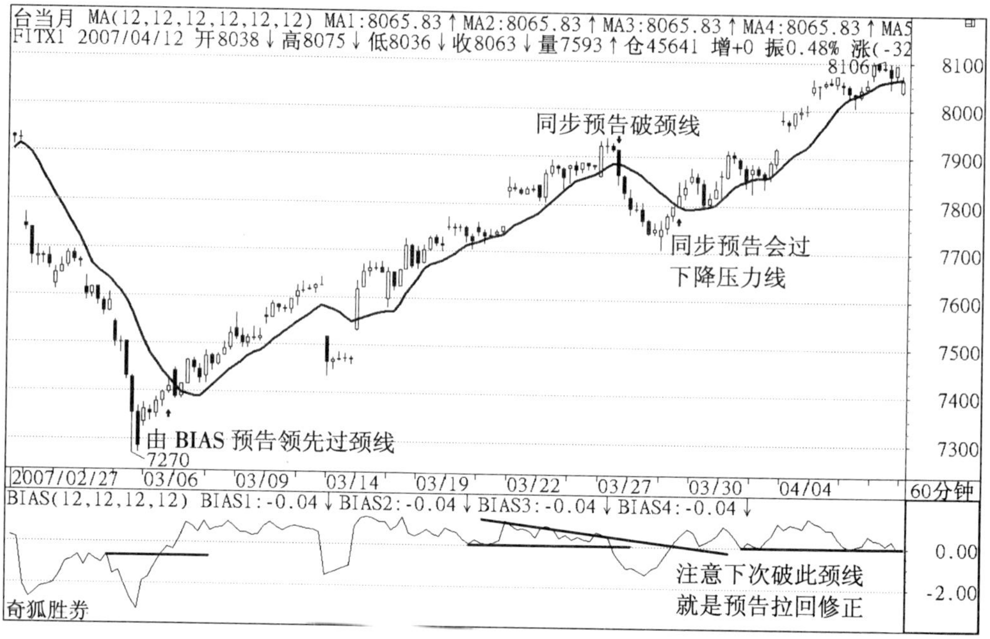

图3－22

2007年4月12日21：58：31

请注意明日BIAS破颈线的警示信号，是否可能像3月27日13：00有拉回修正的疑虑呢？依照惯例我都会事先预告，等候往后验证，越简易的东西越强大，敬请期待。

2007年4月13日11：12：01

之前就举一日洗盘的例子，最被人瞧不起。最简单的东西就是最容易赚钱的工具。今天又再验证一次。这东西好像没那么值钱？今日依照此系统不是多单少赔，空单大赚？心态与想法决定您成功与否，能达到去我、无我的境界，这是操盘手无时无刻需学习的目标。

2007年4月13日22：58：41

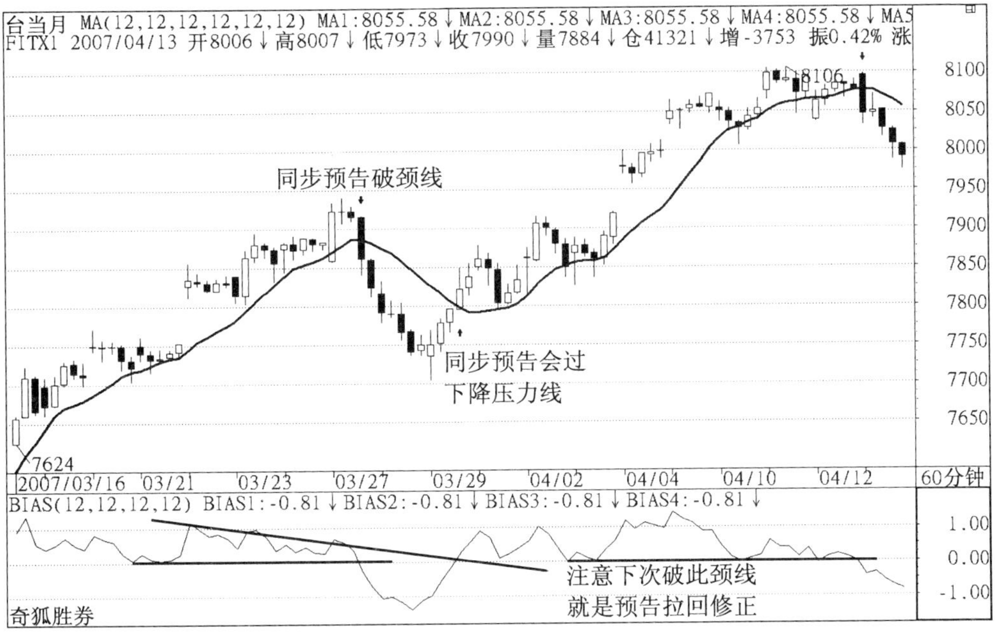

图3－23

请观察3月27日12：45与4月13日9：45的现象与K线的长像是不是很雷同？这就是以后于书中可以写的如何利用相同经验复制在未来未发生的行情规划上（图3－23）。

2007年4月14日23：40：20

请问图上BIAS破颈线时，K线有破颈线吗？因为BIAS是K线收盘与均线之距离，所以急涨再拉回修正后，反弹的速度变慢，只要股价小阴小阳之后，均线接近K线，指标自然就往下，所以指标提早破颈线是有可能的。

解说：>>>

BIAS破颈线是否有领先的意味，需分两种情况探讨：若是短线多头趋势中的拉回修正，应该在破颈线时就会做止跌反弹；若是续跌就要看长线多头趋势中的拉回修正，也就是负乖离不会大于正乖离就要做止跌。

所以短线的征兆看破颈线的反应，较长线看正负乖离率才能判断趋势改变没有。

另外，若是盘坚做头时，均线会因为扣抵前面涨势较快段落而与股价靠近，因此在破均线时，因为前面正乖离较大的低点，容易在还没破K线的颈线时，指标就先破。注意观察4月10日和4月12日的BIAS与零轴的距离，破颈线后其实就是破均线造成指标破前低，若续跌代表因扣抵高值后推挤失败后，当然就形成头部，末升低即被跌破（这是多头趋势破坏的定义）。这样才叫作短线趋势有转变的可能，才有机会做头。因此，BIAS会领先股价破颈线的主因就是扣抵值（图3－24）。

2007年4月15日09：08：02

图3－24

2007 年 4 月 19 日 22：24：42

图 3－25

图 3－25 轨道与均线都已经趋缓，随时有先下杀一波后拉伸的机会，不宜过度追杀。

盘中会动没错，比如说 5 分钟 K 线每过 5 分就有一跟 K 线，您一定可以跟盘后一样看到信号的产生，做任何投资都有风险，也就是有赌的性质，您的系统胜率大，长期投资一定可以获利，盘中震荡何惧之有？点到止损价就小赔走人，没点到就抱到不涨为止。

2007 年 4 月 20 日 10：23：30

事前规划与暗示力道趋缓，小心先反弹，技术分析就是如此灵活运用，轻松快乐赚到钱，何乐而不为呢（图 3－26）？

图 3－26

解说：>>>

趋势的力道强弱除了用箱体（威廉指标）的概念可以知道大箱体逐渐变成小箱体以外，还可以用均线的切线斜率或画下降平行轨道。因为下跌从急变缓时，均线也会从陡趋向平缓，从股价的轨道也可看出，因此在趋势力道改变时，可以判断是由追杀转盘跌，还是由盘跌转追杀。

此时要注意扣抵值的变化，由上往下扣抵为助跌，但是该跌不跌时，就要开始分批减码与回补空单，最慢在过末跌高之后拉回又不深，连多空均衡点都没点到，更要回补空单开始做多。

以上都是学习技术分析后的策略运用与概念，只要经常练习就可以买在要发动的点位，出场在行情已经结束做头的点位。股价波动一定有其道理，多空力道的转换与多空强弱区分，都有其方法，知道真理与方法后，就剩执行力与如何设置止损止盈点了。

一条均线解 4 月 13 日台指操作策略

2007 年 4 月 13 日 23：31：07

依照过均线是否有续涨或破均线是否有续跌来操盘，可发现从早盘放空沿路续抱到尾盘。所以说，越简单的东西越强大。均线之好用却很少人想学，真的是符合市场是 2/8 理论的讲法。

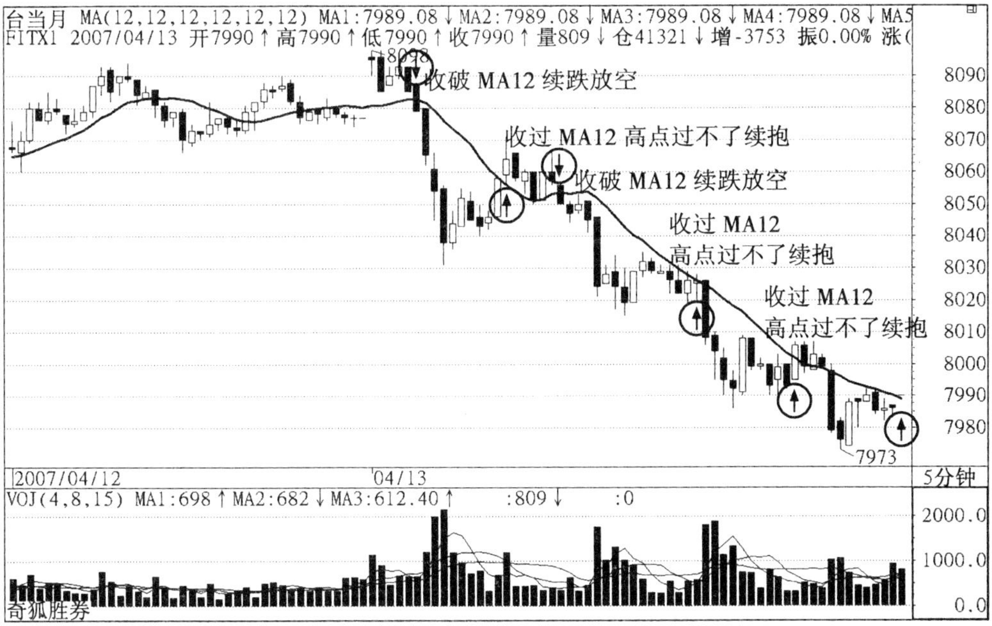

图 3－27

2007 年 4 月 14 日 00：02：07

可用扣抵值去研判趋势是否盘整，或用较长均线或由 5 分钟 K 线转成 15 分钟 K 线以上去看大趋势之方向，应该会有所收获。

2007 年 4 月 14 日 12：25：15

请与图 3 - 27 对照箭头提示的关键处。以下为贴图，请参考。

解说：>>>

扣抵高值后推挤失败，造成跌破均线后续跌，下跌之后的反弹到颈线压力与收过均线后，若要维持空头趋势，此时应该做止涨，刚好也只是反弹约 1/2 就止涨，所以只要再度跌破均线做续跌动作，依然是往下追杀，日后下跌后的反弹都是过均线便无法续涨，只要有一天过均线后有续涨就代表趋势已经从空头转变成多头了。

这里的重点是如何在 8098 点附近找到空点后，一路抱到 7973 点附近的低点做回补。

如何清楚知道下跌趋势在还没改变前，任何反弹都不需因为阳线紧张害怕而做回补动作，克服心魔与恐惧才能获取一个波段利润，因为害怕失去反而得不到更多，因此有失才有得，这道理用在做波段上还真的是很管用。

2007 年 4 月 14 日 13：34：03

不知道大家是否看到第二个箭头，那是收敛后发动的信号（图 3 - 28 和图 3 - 29），每张图都会留一些伏笔，给大家思考的空间。

2007 年 4 月 15 日 00：03：21

均线设定参数周期的长短，差别就在信号快慢与稳定与否，所以想最佳化比较困难，重点是您需要什么？做长线还是做短线？其实有很多技术分析的逻辑与想法是很雷同的。所以，若有人指导，您会在很短时间内了解全貌，否则就算在股市 10 年、20 年也是很难搞懂的。

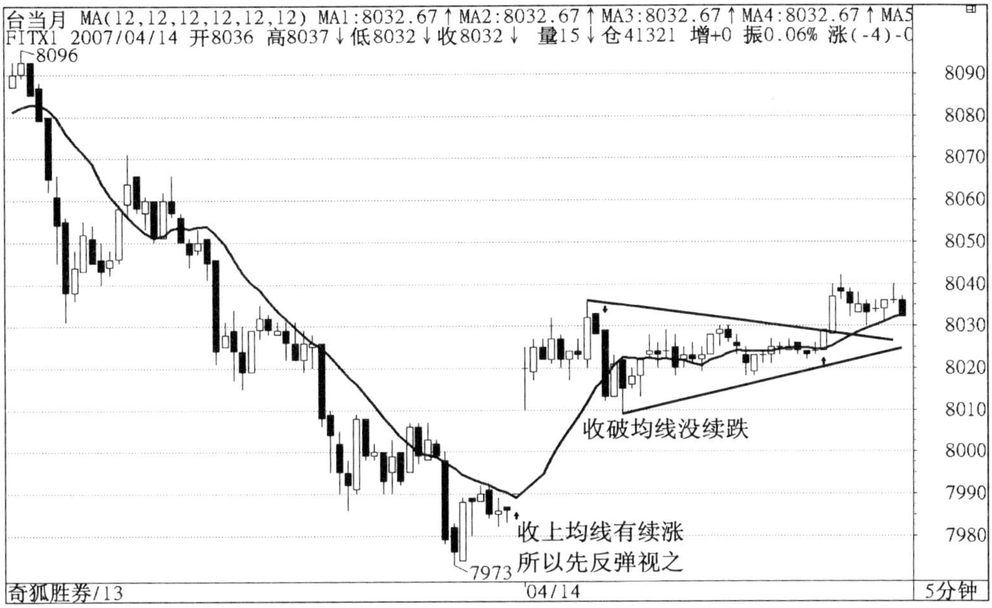

图 3-28

2007 年 4 月 14 日 13：52：02

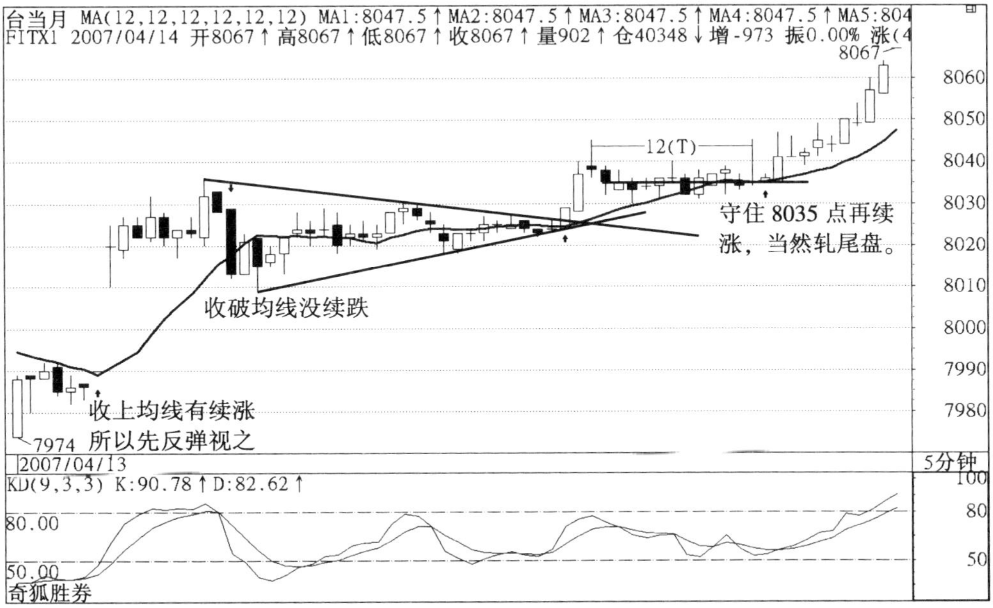

图 3-29

2007年4月16日12：43：45

请注意当日5分钟K线的MA12依然有信号，早上10：00附近放空，于12：00附近回补，依然每天都是准确的，不会因为大家都知道就不准了。

图3－30

解说：>>>

前面是以均线控盘为例，这里以扣抵值连线当作助涨或助跌的阻力线或支撑线，所以可以很清楚在扣抵值由上往下扣抵时，股价再续跌就没有机会做支撑的动作，所以一定沿着原趋势往下，一直到4月14日跳空开高后，才有机会用扣抵值作为支撑，所以用扣抵值的连线做平移，可以很清楚可能的变盘位置（图3－30）。

图 3－31

解说：>>>

用 12 天的收盘平移 12 天，可作为往后 12 天扣抵值的方向，所以只要收盘在这扣抵值之上，就会有助涨的力道；若收盘在扣抵值之下，就会有助跌的力道；由收敛形态配合扣抵值由下往上扣抵，就可以找到上涨的发动点。

同理可证，由 4 月 16 日的扣抵高值后无法再续涨，造成回跌的现象，这些扣抵值的技巧，除了可以经由推算外，也可用 Excell 做平移的动作，以方便轻易看出转折点位（图 3－31）。

第四章　实战操作技巧
——KD秘技

KD实战技巧

KD实战技巧

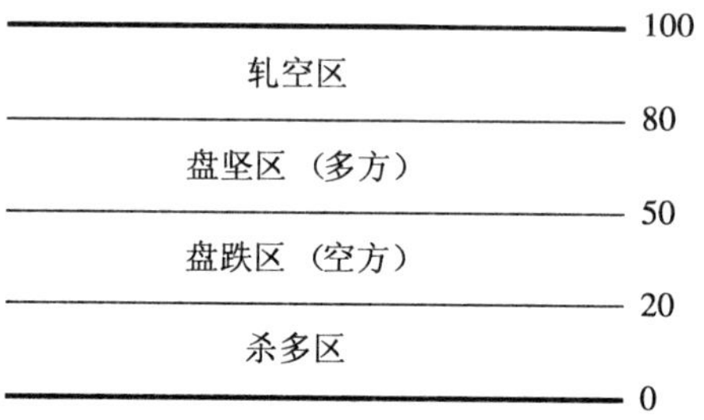

图4－1

（1）K＝50，为多空线（图4－1）。

（2）K线过80通常会做止涨，若续涨就是轧空。

（3）K线破20通常会做止跌，若续跌就是杀多。

（4）多头趋势中，K线在50之上的面积会比在50之下的面积多（图4－2）。

（5）空头趋势中，K线在50之下的面积会比在50之上的面积多（图4－3）。

（6）大盘整时，通常是过80见箱体高点，破20见箱体低点（图4－4）。

（7）利用J值抓相对高低转折点。

（8）多头趋势中，KD黄金交叉要再续涨。

（9）多头趋势中，KD死亡交叉要做止跌。

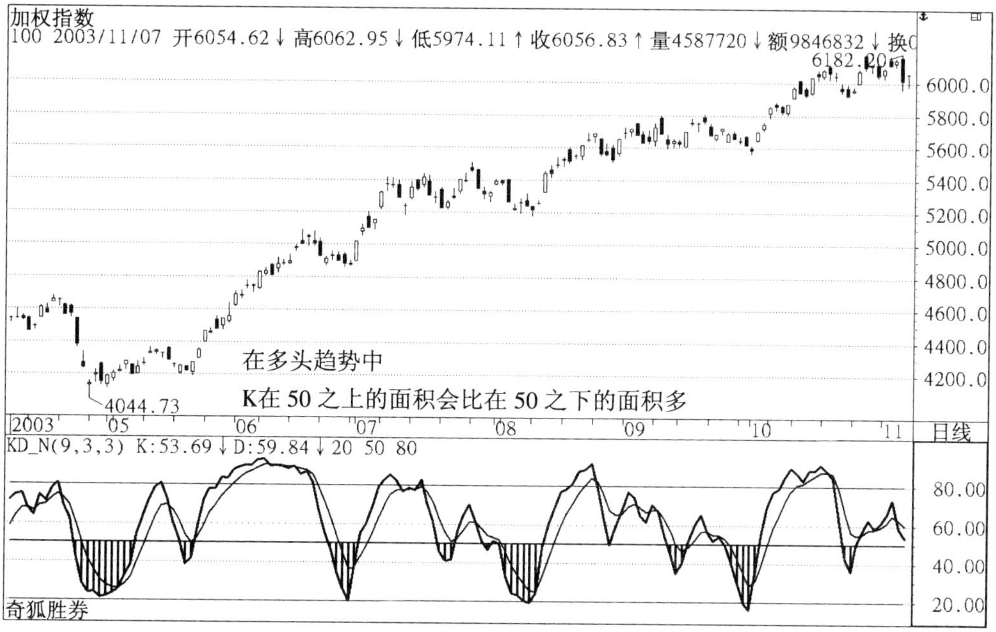
加权指数
100 2003/11/07 开6054.62↓高6062.95↓低5974.11↑收6056.83↑量4587720↓额9846832↓换
6182.20
4044.73
在多头趋势中
K在50之上的面积会比在50之下的面积多
日线
KD_N(9,3,3) K:53.69↓D:59.84↓20 50 80
奇狐胜券

图4－2

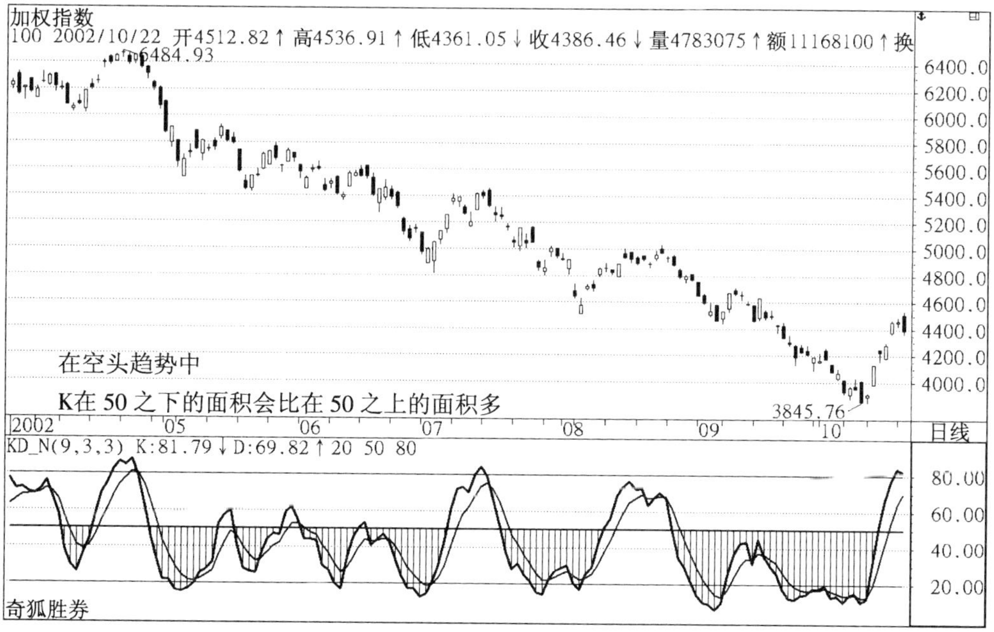
加权指数
100 2002/10/22 开4512.82↑高4536.91↑低4361.05↓收4386.46↓量4783075↑额11168100↑换
6484.93
3845.76
在空头趋势中
K在50之下的面积会比在50之上的面积多
日线
KD_N(9,3,3) K:81.79↓D:69.82↑20 50 80
奇狐胜券

图4－3

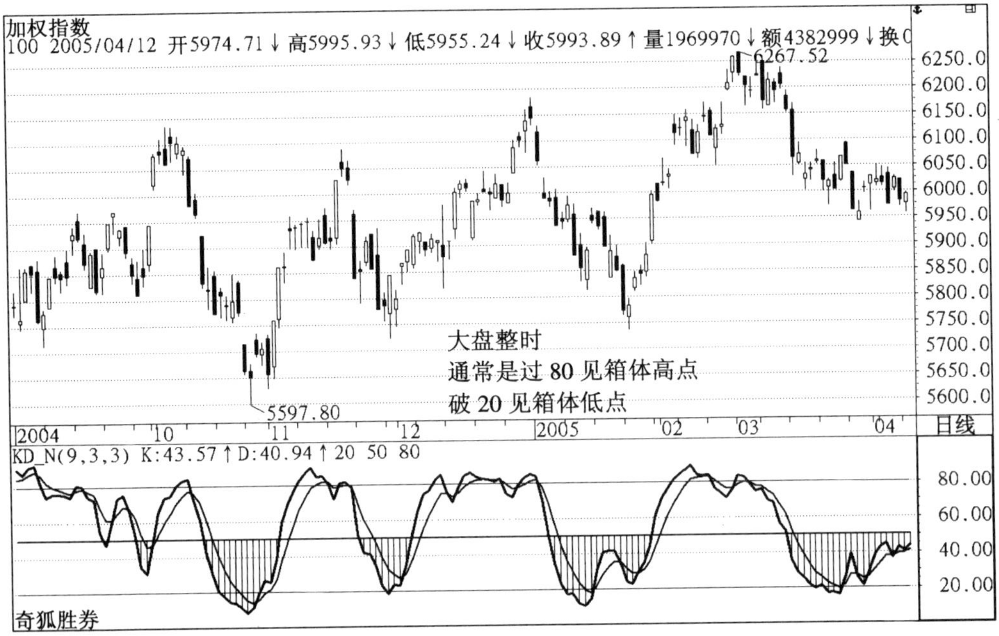

图4-4

（10）空头趋势中，KD死亡交叉要再续跌。

（11）空头趋势中，KD黄金交叉要做止涨。

（12）利用KD可以计算轧空与杀多的目标测幅（将于实战课程分享经验）。

（13）头部与底部背离只是告知上涨或下跌力道趋缓而已，并非一定会下跌或上涨。

（14）指标头部背离的成立，需要股价拉回修正后又续跌才成立。

（15）指标底部背离的成立，需要股价反弹修正后又续涨才成立。

（16）指标是由股价波动原理引导出来的，所以可用来数波浪。

（17）K值的形态为小波段的波浪，D值的形态为更大一级数的波浪。

（18）由于指标被限制在0～100之间，才有钝化的现象。

（19）破解钝化的现象，就是用实际K线的箱体去看上涨或下跌力道。

（20）K均线的扣抵值可隐约用9天威廉做推估。

4月16日期指操作策略

图4－5

（1）图4－5中箭头往上是正背离，箭头往下是负背离。

（2）4月14日因为正背续涨而做轧空。

（3）4月16日第一次负背有续跌，故负背所对应高点为压力，若收不过可放空。

（4）4月16日第二次负背续跌确认杀多开始。

（5）颈线与高点往下测1倍幅已经达到后，往上拉升就要先补空单。

（6）急杀之后正背通常都是先见高点，拉回第二只脚才可买进。

（7）拉回第二只脚出现黄金交叉续涨做买进，于 K > 80 止涨做卖出。

4 月 17 日期指操作策略

图 4－6

（1）发现头部背离需等负背有续跌做空胜算才大（图 4－6）。

（2）发现负背高点一直收不过可先试单，等确认续跌后再加码。

（3）发现 K < 20，有续跌时，在试单已经远离成本时做加码动作。

（4）颈线与高点往下测 1 倍幅时先补加码单，若有到 1.5～1.618 倍幅附近再补试单，由于试单离成本远，就算有大震荡也容易抱得住。

（5）下跌之后连续两次都 K > 50 就见高点，所以怀疑是第四波反弹，隔天破 1.618 倍幅，完成第五波下杀后做反弹与拉升动作。

（6）波浪有失败第五波，也有成功第五波，所以波浪走势只能参考，以指标信号为准。

4 月 18 日期指操作策略

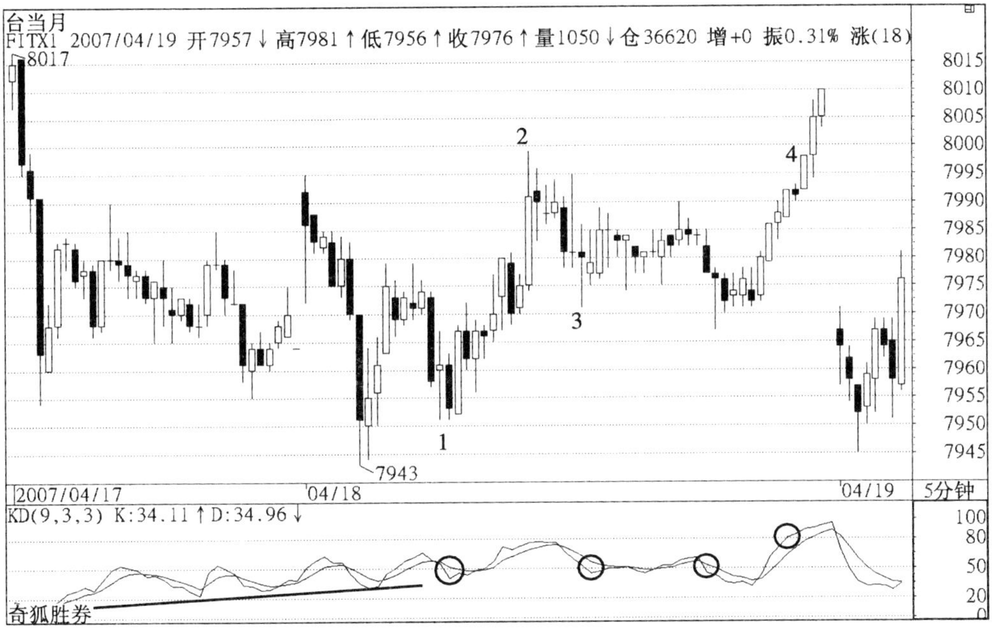

图 4 – 7

（1）假设第五波下杀后，因为不确定是否还有延伸浪，所以拉回打第二只脚时，K < 50 有守低点，可做试单买进多单（图 4 – 7）。

（2）于过末跌高时出脱后，等待拉回有支撑做买进动作。

（3）连续两次 K 跌破 50 后都没有续跌现象，做买进动作。若于第一次 K 破 50 买进者，防守点要以收破低点或以 15 ~ 30 点为止损，才较不易被扫出去。

（4）买进多单后，注意 K > 80 是否有止涨现象，结果这天为续涨做轧空，便可于尾盘出脱多单。

（5）若 K > 80 有加码时，需注意是否接近尾盘、是否要留仓等问题，否则就不追多单。

4 月 19 日期指操作策略

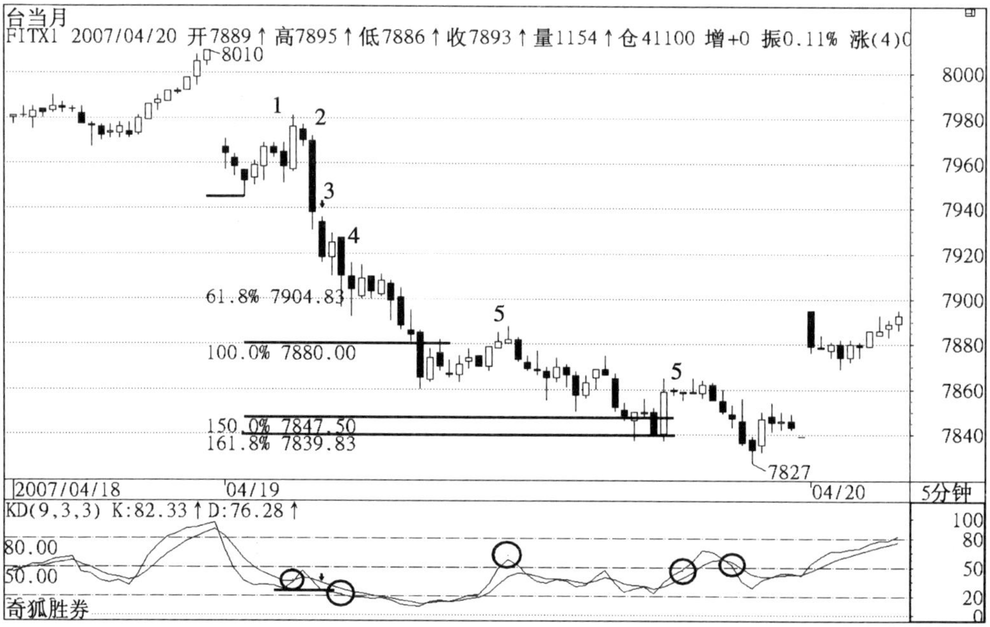

图 4－8

（1）开低之后，反弹过不了一半为反弹无力之征兆，需注意指标是否有信号可做单（图 4－8）。

（2）发现 KD 黄金交叉就见高点，低点破确认放空信号成立。

（3）KD 负背续跌可以加码空单，若到防守点加码单一定要全出，不可捂单。

（4）K < 20 又续跌，就可以用颈线与高点往下测 1 倍幅时先补加码单，若有到 1.5～1.618 倍幅附近再补试单，即可

完成当日之交易。

（5）后续连续两次 K > 50 就见高点，表示高点有压，但是再度 K < 50 时低点又有支撑，则盘势进入上下区间盘整，就等待下次变盘表态了。

（6）做期指是要长期且天天获利即可，不是要比买在最低、卖在最高，当有信号出现就动作，不要盘中一直猜高低点。请好好思考这个观念。

4 月 20 日期指操作策略

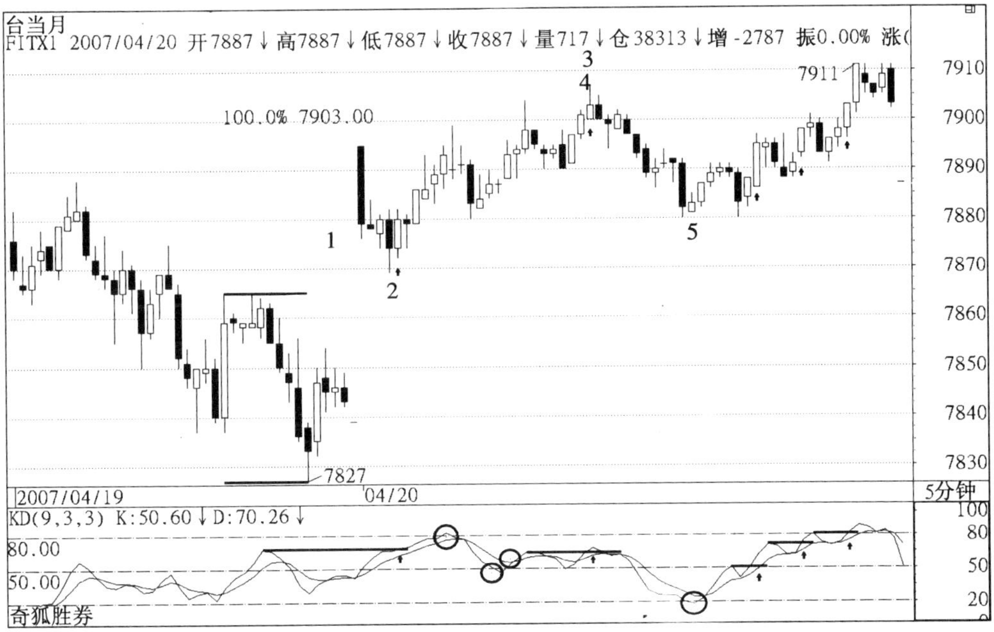

图 4－9

（1）开盘已经过前一日之盘整区间上限，所以策略为拉回买进多单（图 4－9）。

（2）当指标正背续涨做买进，K > 80 见高点，K < 50 见低点守住支撑。

（3）用颈线与低点往上测 1 倍幅时，于 KD 黄金交叉时碰到后见高点，由当日 5 分钟 K 线可判断没有大阳线，日线收小阴小阳概率大，表示只有盘坚行情，当日高点不多可开始逢高出多单。

（4）再次指标正背又见高点，已经证明前面判断盘坚行情正确，就该出脱多单。记住行情大小是由市场决定，赚我该赚的就行，我们须不断调整自己来跟随市场的波动，波动大就赚多一点儿，波动小就赚少一点儿。

（5）后续 K＜20 做止跌，可逢低买进多单，沿路指标正背就见高点，K 接近 D 就做止跌，所以接近尾盘逢高出脱多单。

4 月 23 日期指操作策略

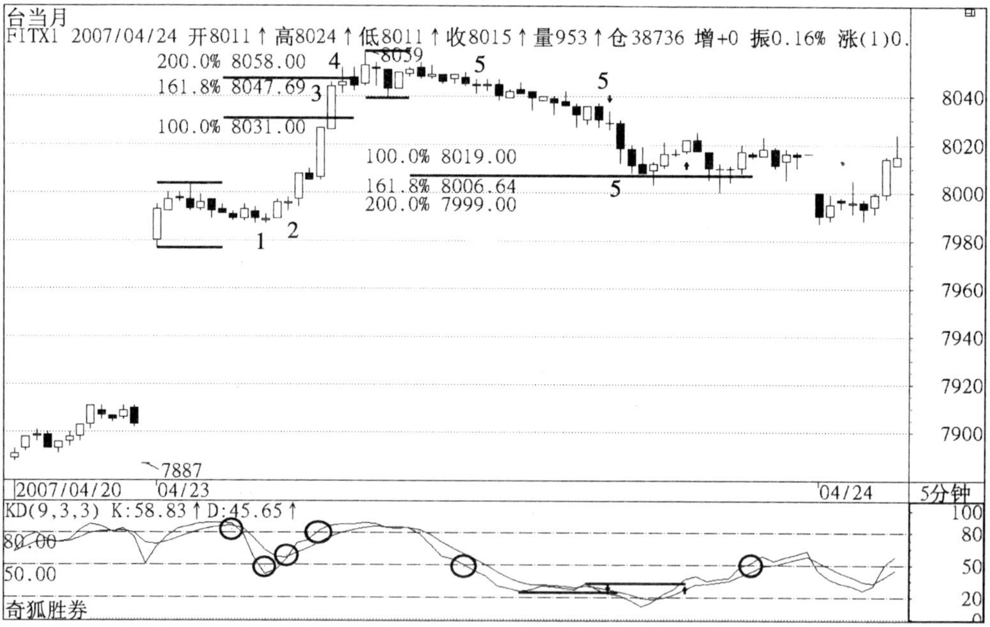

图 4－10

（1）期指开高一定要看其拉回的幅度与信号，绝对不可乱猜方向就进场。

（2）KD 死亡交叉见低点，K＜50 也见低点，所以先试多单买进守 15～30 点止损即可。

（3）KD 黄金交叉续涨后，可加码多单，策略用颈线与低点往上测一倍幅先出加码单，若到 1.5～1.618 倍幅附近再出试单。由于大阳线过 1 倍幅，表示后势到 1.618 倍幅的机会大，因此可等到此目标区后，分批出脱多单。

（4）K＞80 续涨轧空到 2 倍幅后见高点。目标测量的目的只是告诉我们那里是做多危险区，不可追高，可分批出场。至于测目标准不准、有没有卖在最高点，都不是最重要的，重要的是您要会掌握安全的进出场点位。

（5）后续 K＜50 续跌试空单，负背又续跌用颈线与高点往下测 1.5～1.618 倍幅就该补空单了，因为又快收盘了（图 4－10）。

4 月 24 日期指操作策略

图 4－11

（1）期指开低一定要看其反弹之幅度或信号，绝对不可乱猜方向就进场。

（2）发现 KD 死亡交叉再加上 K＜50 见低点，所以拉回打第二只脚可做买进。

（3）补缺口与过末跌高通常会先拉回，可以先出脱多单，刚好指标黄金交叉与正背都见到高点，所以确认看法就执行卖出动作。

（4）指标正背后无法续涨、低点又跌破可试空单，于 KD 死亡交叉续跌证明试单正确。

（5）K＜20 没有续跌可分批补空单，KD 金叉后续涨试多单，K＞80 续涨可加码多单，用颈线与低点往上测 1 倍幅先出加码单，若到 1.5～1.618 倍幅附近再出试单。由于大阳线过 1 倍幅，表示后势到 1.618 倍幅的机会大，因此可等到此目标区后分批出脱多单。

（6）由盘中 KD 死亡交叉或负背都没续跌，可知后势还有高点（图 4－11）。

4 月 25 日期指操作策略

（1）期指开低一定要看其反弹的幅度或信号，绝对不可乱猜方向就进场。

（2）用颈线与高点往下测 1 倍幅于期货一开盘就满足，只要反弹无力就会往 1.618～2 倍幅去，指标负背后高点迟迟过不了，且反弹无力，可先试空单，一直到 2 倍幅与 K＜20 后才有止跌现象，可先补空单。

（3）指标正背后且过末跌高后，拉回打第二只脚可试多单，由于当日主方向为下跌，抢反弹需特别小心，有异常就需出多单，指标于盘中见 K＞80 就留上影线，在有获利下先分批出场，于 KD 死亡交叉后续跌可试空单。

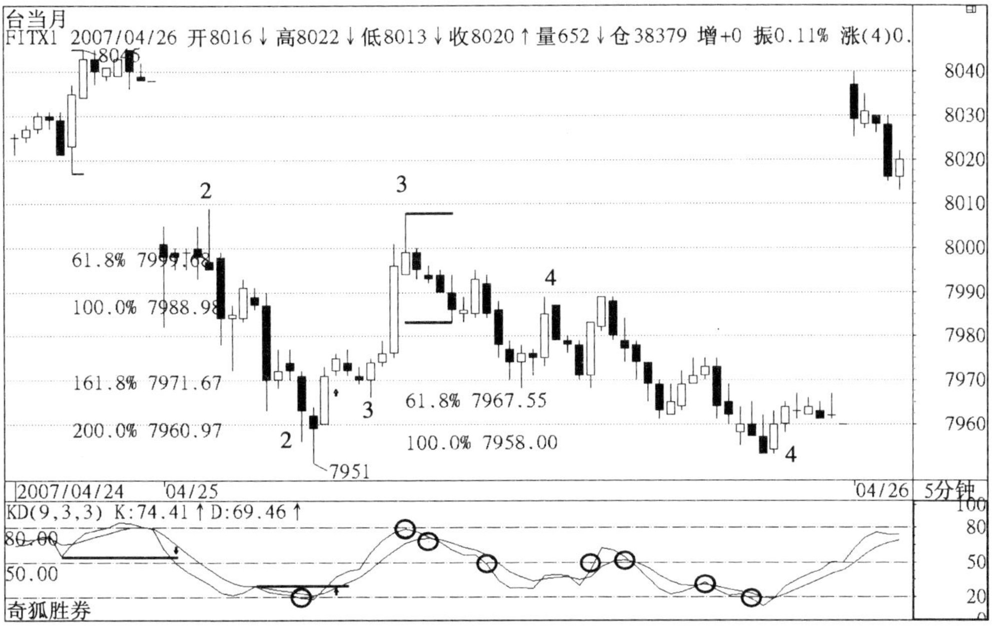

图 4-12

（4）用颈线与高点往下测 1 倍幅为预估回补空单的机会，沿路发现 K<50 续跌，K>50 或死亡交叉就见高点，直到 1 倍幅后刚好 K<20 做止跌为补空单之时机，盘中可以自行拟定策略后再与指标比对，胜率会更高（图 4-12）。

4 月 26 日期指操作策略

（1）期指开高一定要看其拉回之幅度与信号，绝对不可乱猜方向就进场，补了前一日缺口后通常会拉回，刚好指标正背见高点，所以可试短空单。

（2）发现后续 K<50 做止跌，K>50 见高点，先做区间震荡后，KD 死叉后续跌趋势往下确认，用颈线与高点往下测一倍幅附近，看是否有回补点。

（3）于指标负背之后低点没破，出现日出长阳线就是要回补空单的信号，此时是否要试多单，依个人风险与个性操

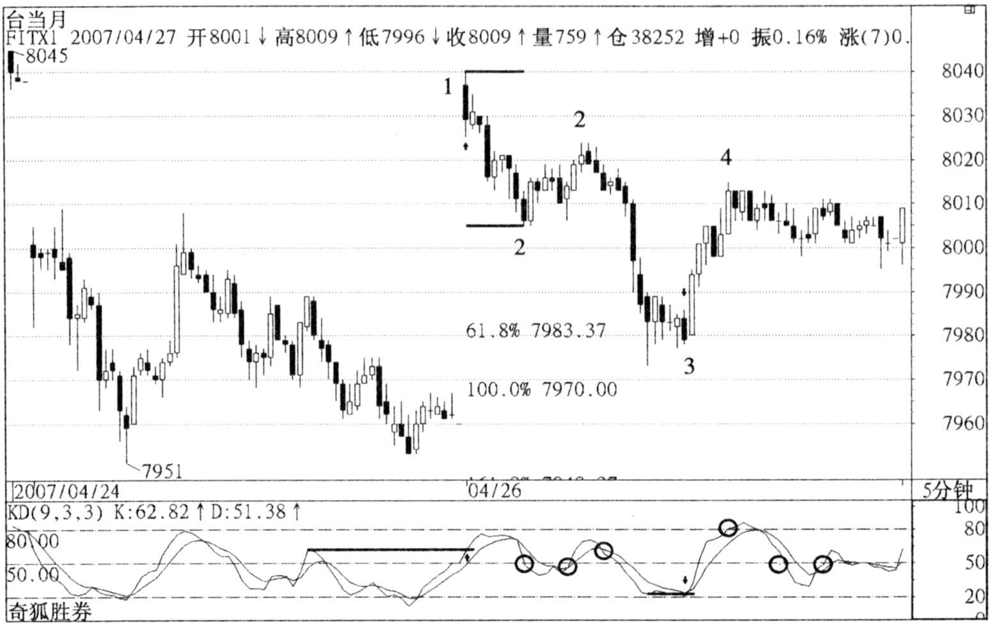

图4－13

作即可。

（4）由于下跌过后抢反弹要注意随时不对劲的卖点，于K＞80后止涨，此时有试多单可以开始出场，日后证明K＜50有续跌，K＞50见高点方向为续往下居多。

（5）若是初学者尽量只做一个方向，熟练后若想两边都做，需注意当天振幅是否够大，否则有一方向容易赚不到钱（图4－13）。

4月27日期指操作策略

（1）开高之后指标正背见高点后，于死亡交叉续跌可以试空单，于负背后续跌可以加码空单，又见负背跌破前一日低点，反弹无力可以用颈线与高点往下测0.618～1倍幅，为预估回补空单之机会点，由于此测量幅度较大，所以只先看0.618～1之间。

图 4 – 14

（2）在 K < 20 续跌必杀多之状况下，注意 0.618 倍幅之反应，加码单可于此回补。

（3）于反弹 K > 50 见高点，K < 50 又续跌隐约告知 1 倍幅会见到，试单部位可于 1 倍幅附近分批出场。

（4）11：20 的走势可知道过 50 或正背就见高点止涨，破 50 或死亡交叉就见止跌低点，所以判断尾盘为区间震荡等后明日之表态。

（5）每日尾盘之指标现象，都可用来预测明日往上或往下应该要如何应对（图 4 – 14）。

第五章　实战操作技巧
——RSI 秘技

一、RSI 实战技巧

二、运用 RSI 判断盘跌与波段趋势及转折

三、运用 RSI 及轨道判断趋势及转折

四、运用惯性改变抓转折

五、运用正负乖离特性抓止跌及背离未反转原因

六、运用正负乖离特性抓止跌及判断真假跌破

七、运用目标测量配合 RSI 找转折

八、运用 RSI 指标找轧空段及转折

九、运用 RSI 形态找启动段

十、灵活思考

一、RSI实战技巧

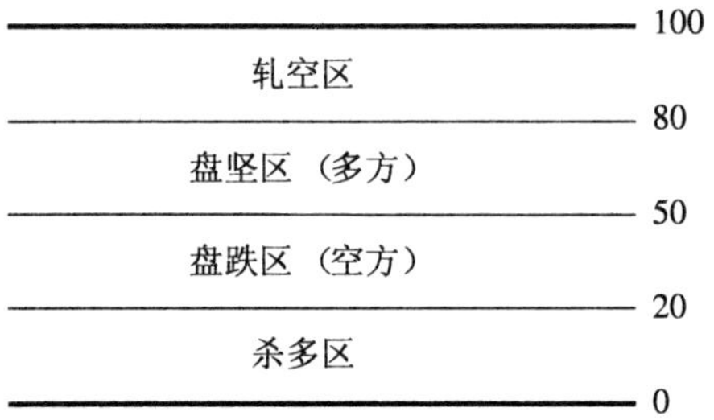

图5－1

（1）RSI＝50，为多空分界线（图5－1）。

（2）RSI过80通常会做止涨，若过80后续涨就是轧空。

（3）RSI破20通常会做止跌，若破20后续跌就是杀多。

（4）多头趋势中，RSI在50之上的面积会比在50之下的面积多。

（5）空头趋势中，RSI在50之下的面积会比在50之上的面积多。

（6）大盘整走势时，通常RSI过80见箱体高点，破20见箱体低点。

（7）收盘价的连线形态就是RSI的连线形态。

（8）多头趋势中，RSI黄金交叉后会再续涨。

（9）多头趋势中，RSI死亡交叉后要止跌。

（10）空头趋势中，RSI死亡交叉后会再续跌。

（11）空头趋势中，RSI黄金交叉后要止涨。

（12）利用RSI可以计算轧空势与杀多势的目标测幅。

（13）RSI出现头部或底部背离，只是告知上涨或下跌力道趋缓而已，并非表示股价一定会下跌或上涨。

（14）指标出现头部背离后，需要股价拉回修正后又续跌，头部背离才算成功。

（15）指标出现底部背离后，需要股价反弹修正后又续涨，底部背离才算成功。

（16）指标是由股价波动原理道引出来的，所以可以用来数波浪。

（17）6日RSI与12日RSI之交叉处之形态，类似波浪的波数。

（18）由于指标被限制在0~100之间，所以才有钝化的现象。

（19）破解钝化的现象就是用实际K线的箱子去看上涨或下跌力道。

（20）RSI的扣抵值可隐约用收盘价扣抵值做推估。

（21）RSI为上涨与下跌点数之集合，所以与股价波动最接近。

（22）股价可以画趋势线与判断形态，因此也可以运用RSI画趋势线与判断形态。

二、运用RSI判断盘跌与波段趋势及转折

2409友达-1

（1）2003年1月14日开始走盘跌，从6日RSI也可以看

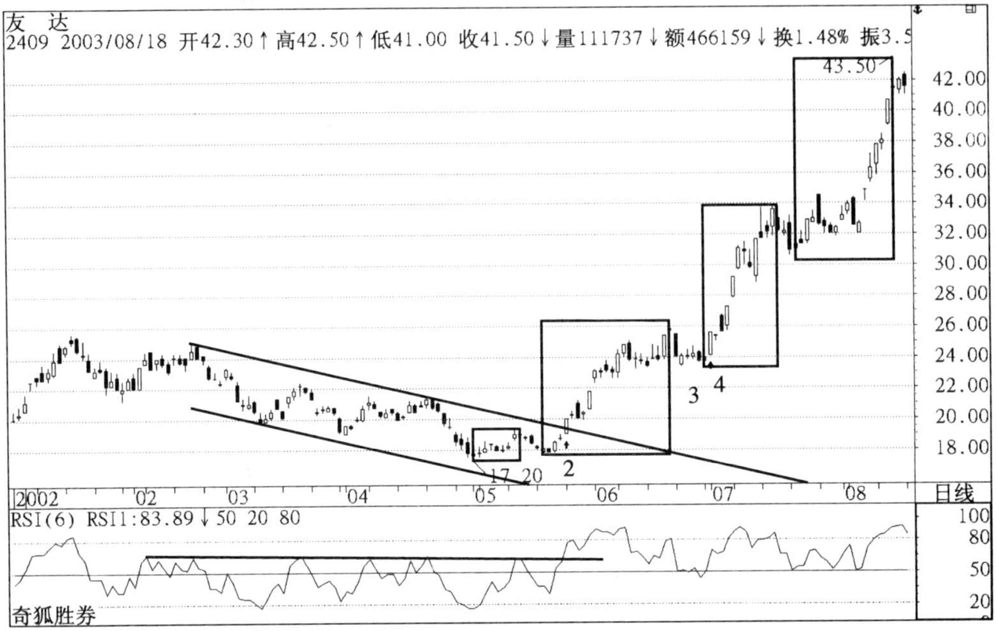

图 5－2

出在50之上的面积小于50之下的面积。从RSI的定义可知：当下跌点数多于上涨点数时，在50之上停留的时间就会比较短，若是盘跌盘，通常反弹接近2/3的位置就容易止涨（图5－2）。

（2）盘跌时的下跌极限于接近20就容易止跌，用下降平行轨道大约可以把盘跌形态的路径规划出来，2003年5月26日出现大阳线过小W底，若底部要成立就是要续涨，我们可以发现此大阳线也刚好突破下降轨道后续涨。

（3）6日RSI也是突破颈线后续涨造成轧空走势，之后我们发现6日RSI接近50就会做止跌回升，这告诉我们多头趋势已经产生，大部分的时间应该在50之上的面积会最大。

（4）波段操作者最简单的想法就是，每一段的箱体在没有缩小的状况下都可以续抱多单，直到趋势有改变之疑虑。2003年7月1日又有一根大阳线使得6日RSI又过前面6日

RSI 的高点，这里有机会是另一次的发动点。

（5）用 6 日 RSI 有点儿跟 K 线战法里面的一过三用法类似。试想，6 日 RSI 要过前面 6 日 RSI 的高点，是否上涨点数需增加比前面 6 日 RSI 的高点所对应的上涨点数多，才有机会让 6 日 RSI 的数值变大？再加上是大阳线就有机会攻击并发动起始点了。

三、运用 RSI 及轨道判断趋势及转折

2409 友达 –2

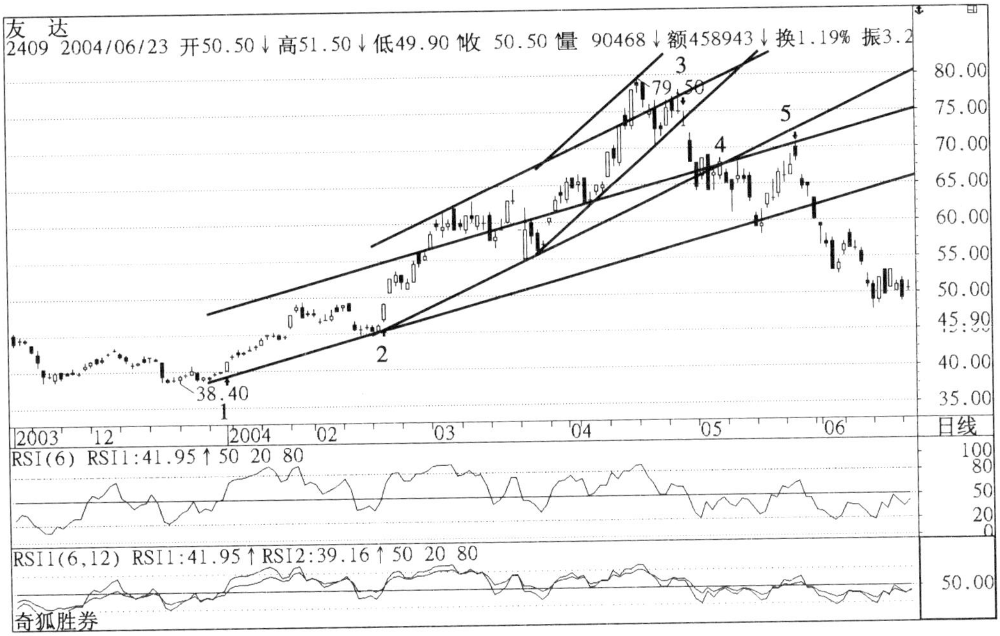

图 5 –3

（1）2004 年 1 月 2 日出现过颈大阳线，6 日 RSI 过 50 后续涨，再观察 6 日 RSI 与 12 日 RSI 之间的正乖离变大之后还能续涨，就是多头趋势才有的现象。之后沿路只要 6 日 RSI

破50就会见低点做止跌，做波段者就是如若不动。

（2）2004年2月18日出现长红，为一过6天的收盘价，也就是6天的上涨点数大于6天的下涨点数，所以为多方稍获胜，只要再续涨就是多方趋势。注意观察大致上在上涨时，6日RSI与12日RSI之间的正乖离经常是大于6日RSI与12日RSI之间的负乖离，因此可以利用此现象抓相对高低点。

（3）利用上升平行轨道可以发现力道越来越强，2004年4月29日跳空跌破最后一个上升平行轨道，暗示趋势有减弱且力道有用尽的可能，若再续跌则知道趋势改变概率大增。注意观察2004年4月29日的6日RSI，破50有续跌就是转弱的迹象。

（4）2004年5月5日附近跌破原始上升轨道的上缘，与第二个上升轨道的下缘交叉后又续跌，所以造成此区域套牢；往后接近此套牢区域和原始上升轨道的上缘就做止涨拉回，观察此时2004年5月26日的6日RSI接近2/3（66.6）刚好见高点，接着观察6日RSI与12日RSI之间的正乖离接近负乖离就是高点。

（5）见79.5的高点之后做了一个小M头，其颈线在70，刚好2004年5月26日的高点就是进入70之后就做止涨。因此只要众多现象都暗示趋势由上往下扭转时，就不需犹豫，赶快出脱所有持股，这就是股市共振的意义与用法（图5－3）。

四、运用惯性改变抓转折

1201味全

（1）跌势尾端时，通常下跌箱体会越来越小，若看每一

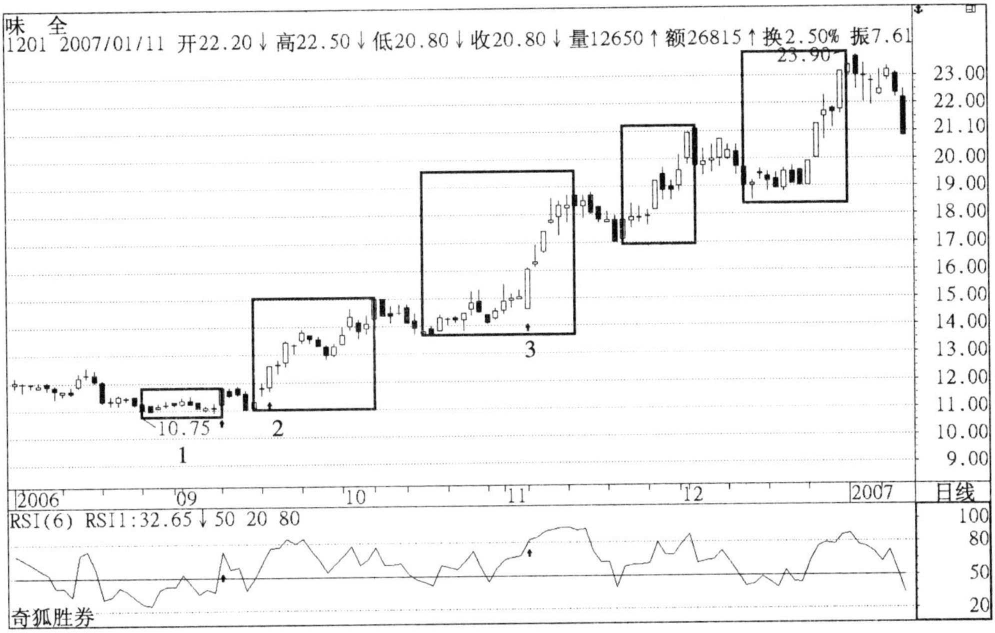

图5－4

根K线，就会高低振幅越缩越小。也就是说，只要惯性一改变就要注意其是否有连续性，惯性一改再加上连续性的确认，就是暗示您手上买的股票可以安心抱到趋势改变为止(图5－4)。

（2）在2006年9月11日暗示惯性有改变的机会，再加上2006年9月19日暗示有连续性出现了由6日RSI过50后，从2006年9月19日又出现大阳线可以知道，续涨的现象已经产生，试单于惯性有改变时，就防守当时买进的那根K线附近的低点作为止损点即可试单，于确认有力道连续性时，快速加码原本规划的仓位即可。

（3）在2006年11月6日出现的6日RSI过80后该回不回的现象，这里就是开始走轧空走势，也就是这里有机会以这天以前的大底部为基本测量，往上先看1倍幅附近，因为轧空的意思就是头部不成反为底部的现象，当然可以依照形态学基本测量作为测量目标的依据。

（4）利用箱体的大小与时间之比较，可知道力道都没有减少，再加上拉回都在 1/2 多空均衡点就做止跌，这也可以用6 日 RSI 每次破 50 就会做止跌，为多头趋势的表征，面积也是在 50 之上的时间停留较多。

（5）本书的所有概念都可在每一种指标中灵活运用，多多练习必会对技术分析与股价波动有所体悟。另外，图中是否发现6 日 RSI 有头部背离的现象，但是为何没有大跌做头呢？请读者自行思考看看。

五、运用正负乖离特性抓止跌及背离未反转原因

6286 立锜

图 5－5

（1）多头趋势中，经常是上涨点数大于下跌点数，因此若为了维持多头趋势，只要下跌点数大于上涨点数，就应该做止跌。另外，6 日 RSI 与 50 正乖离经常都会大于负乖离，若为了维持多头趋势，负乖离接近或大于正乖离时，就应该做止跌。用此想法就可以轻松看懂指标的用法。

（2）我们观察 2007 年 1 月 4 日的 6 日 RSI = 85.18，在下跌修正涨多的拉回的极限，通常在接近 6 日 RSI = 14.82 就会找到相对修正低点，这个也是辅助我们观察 6 日 RSI 破 20 之后，大概指标在哪儿可以较精准的抓到相对低点的时间点。2007 年 3 月 5 日的 6 日 RSI = 18.2 开低后收最高的大阳线就有底部找到之意味。

（3）由图 5 – 5 中可以观察到，每次 6 日 RSI 破 50 就会找到相对止跌低点，读者可以自行把每次 6 日 RSI 破 50 往前数 6 根 K 线，您会发现上涨点数一被跌破，就有机会做上涨修正拉回的止跌点，这就意味 6 天前起涨点被跌破时就会找到止跌点，即趋势产生之后，不会因为短期的拉回而改变原趋势发展的真义。

（4）图中有两个框框，注意看 6 日 RSI 有头部背离的信号，但却没有做头成功。比较两个框框的高度可以发现，因为第一个框框上涨点数大于第二个框框上涨点数，所以产生力道减缓的现象，2007 年 3 月 3 日破 M 头的颈线后没有续跌，就是一般波浪拉回 a – b – c 的修正，并非头部的形成。

（5）图中 3 ~ 5 月期间，6 日 RSI 沿路做头部背离，但只要末升低都没有被跌破，就不会有趋势改变的疑虑，最后造就后续 6 日 RSI 过前高不回头的轧空走势，顺势而为，顶多只会错最后一次。不预设高点，不取于相（K 线），如若不动（操作者的心），这就是波段操作者需建立的正确心态，否则经常会遇到一卖掉手上的股票之后，股价就喷出的窘态。

六、运用正负乖离特性抓止跌及判断真假跌破

2454 联发科

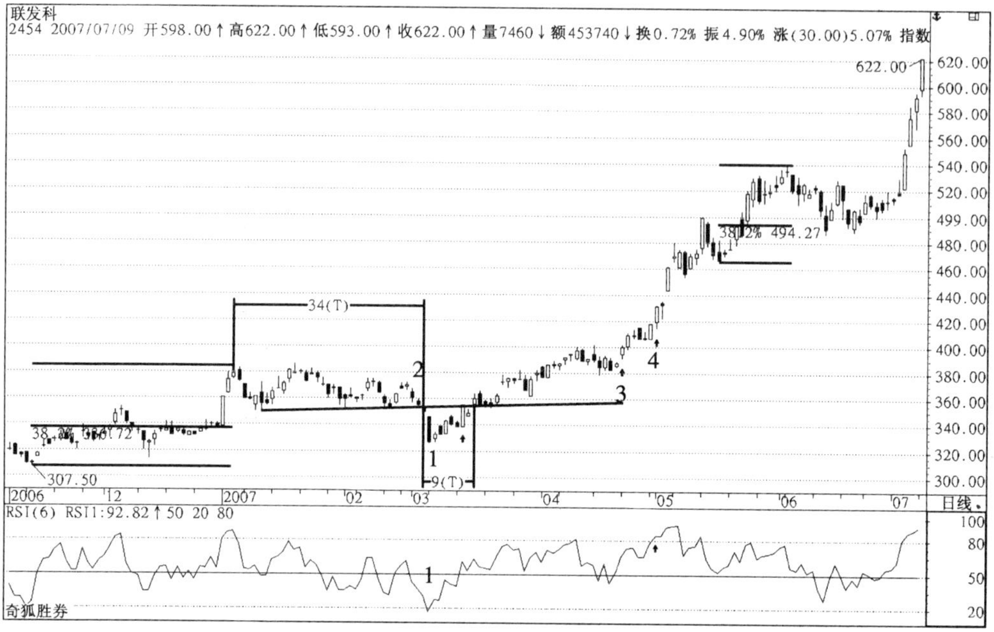

图 5－6

（1）每一个上涨波段的拉回，通常在接近回档的 2/3 就会做止跌回升，否则就有力道用尽做头的可能，联发科沿路都符合这个股价波动原理。2007 年 3 月 5 日刚好也是如此，要维持多头趋势，负乖离接近或大于正乖离时就该做止跌，再加上每一个上涨波段的拉回，通常在接近回档的 2/3 就会做止跌回升的共振现象，故可抓到多头拉回可忍受的极限低点。

（2）图 5－6 中 2007 年 3 月 3 日跌破三尊头的颈线后没有续跌，便可发现异常。请读者观察为何做头花了 35 天，结

果打底只有 10 天就过颈线呢？这就是真假跌破判断的真义，该跌不跌，就只是以拉回修正 a－b－c 看待即可。

（3）图中 2007 年 3 月 13 日就是用大阳线过 6 日 RSI50 多空线后续涨之后，开始做喷出的动作，股价后续过 386 的新高。依照股价波动原理会因为解套之后先拉回，结果拉回很少，再加上 2007 年 4 月 23 日的大阳跳空过前面 6 天的收盘价，造成 6 日 RSI 过前面的颈线后续涨，就此展开主升段喷出的行情。

（4）图中 2007 年 5 月 2 日的 6 日 RSI 过 80 后续涨后，有机会以这天以前的大底部为基本测量，往上先看 1 倍幅附近，因为轧空的意思就是头部不成反为底部的现象，当然可以依照形态学基本测量作为测量目标的依据。

（5）以上的测幅请读者自行做测量，另外也请读者用箱体画出每一段上涨的幅度可以很轻易发现上涨力道依然强劲。经过以上的训练，久而久之便可对指标有强烈的感受，任何盲点都逃不过您的眼睛，最后要修炼的就是如何有一颗如若不动的心了。

七、运用目标测量配合 RSI 找转折

1718 中织

（1）从图 5－7 中我们可以发现：2007 年 3 月 5 日前面的负面积远大于正面积，为空头走势。2007 年 3 月 5 日的 RSI 指标负背，在股价创新低之下，引导 RSI 指标也创新低，因此会有机会做止跌反弹。2007 年 3 月 12 日的 RSI 指标过 50 多空线没有续跌，2007 年 3 月 20 日与 28 日两次 RSI 指标破 50 就见止跌低点，这里已经有由空转多的现象。

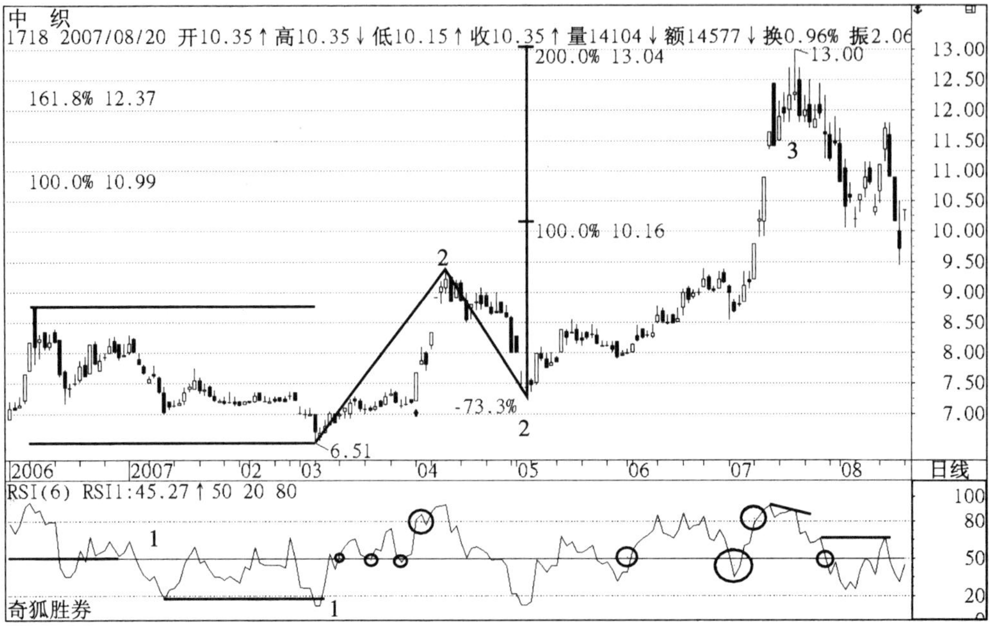

图 5－7

（2）2007 年 4 月 2 日的 RSI 指标大于 80 后续涨，造成轧空走势。股价过 8.75 的高点之后，通常会先拉回，拉回 1/2 处以下要开始注意买点。2007 年 5 月 4 日发现 RSI 指标破 20 止跌之后区间整理，当 RSI 指标过 50 之后续涨，暗示另一波就此开始发动。所以可以用箱体做叠箱的测幅，同时也可以用波浪做测福来预估满足点。

（3）2007 年 7 月 10 日的 RSI 指标大于 80，续涨造成轧空走势。当股价到叠箱与波浪两种目标测幅的共振区，发现 RSI 指标头部背离，要小心股价转弱时会有较大幅度的修正。2007 年 7 月 27 日的 RSI 指标破 50 续跌，暗示修正开始进行，于下跌之后的反弹接近 1/2 之处，又见 RSI 指标正背做止涨信号，则要小心再杀一波的机会大增。

（4）股市之中就是找寻指标有异常之处，比如说该涨不涨或该跌不跌，这提早告诉我们，是否原本股价上涨或下跌的惯性，已经因为异常信号而在转换之中。若会使用目标测量的方式寻找异常指标，又刚好发生在满足点附近的话，此时的胜率会更大，请读者多多练习与思考。

八、运用RSI指标找轧空段及转折

2323 中环

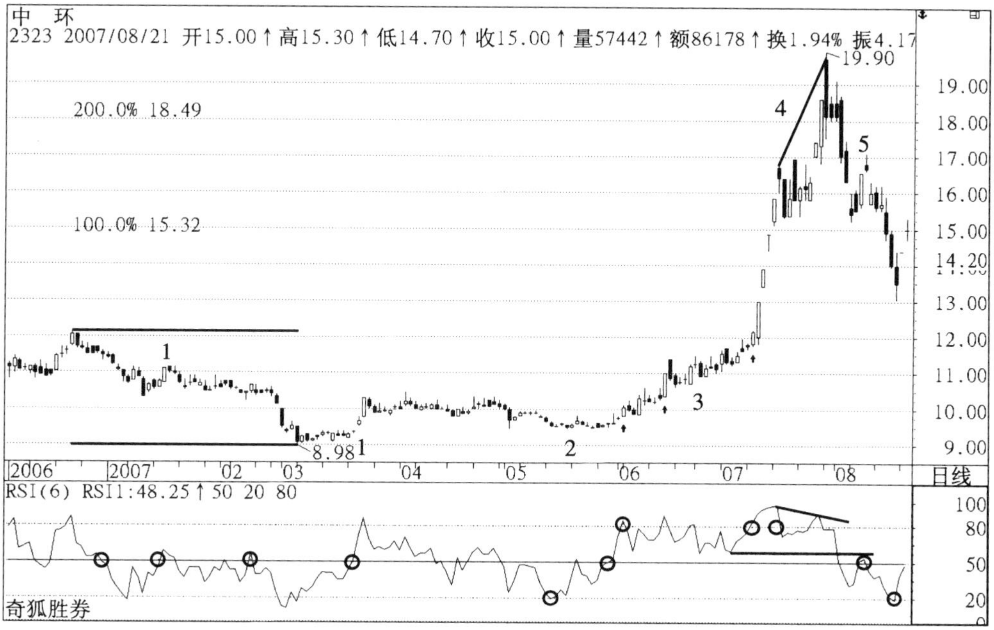

图5-8

（1）2006年12月29日的RSI指标破多空线50之后就续跌，开始了拉回的修正。于2007年1月17日反弹过多空线50之后就止涨，所以指标告诉我们下跌至少还有一波，因此需要注意负乖离接近正乖离时是否有止跌的迹象。之后2007年3月20日的RSI指标过多空线50有续涨就要注意拉回止跌之买点（图5-8）。

（2）2007年5月15日的RSI指标破20为超跌区，若做止跌则为拉回抢反弹的买点。于2007年5月31日的RSI指标过多空线50之后续涨，就可以确认趋势有转成回升的机会。只要到超卖区80之上还再续涨，就代表大波段的一波上涨开始。

（3）2007年6月4日的RSI指标过80之后缓步续涨，探其原因为在创新高之前做关前洗盘的手法。2007年7月10日的RSI指标过80之后开始了轧空走势，由于急涨之后通常下跌拉回到2007年7月18日RSI指标破80会有抢短买盘因短线跌多而买进，所以容易再做止跌后续涨。

（4）7月10～17日连续上涨6天的幅度和7月23～30日连续上涨6天的幅度，与收盘位置造就了头部背离的现象，后面的幅度与收盘位置都比前面小与低，告诉我们力道有减弱的现象，只要后续RSI指标破颈线续跌就是大幅修正的开始。请读者注意观察2007年8月8日RSI指标过50之后就做止涨，开始C波的下跌。

（5）RSI指标过50不就是8月2～9日这一段下跌幅度反弹约一半之处吗？这就是RSI指标定义的结果，了解指标后再使用，就会更清楚如何应对。回档A－B－C修正后，在RSI指标又破20的超卖区做止跌，至少有一波的反弹。

九、运用RSI形态找启动段

2458义隆电

（1）2007年6月1日RSI指标过80及突破高点，续涨代表急涨轧空走势，所以再拉回要注意买点。6月20日的RSI指标接近50见低点，就是拉回准备再加码的买点。后续每次

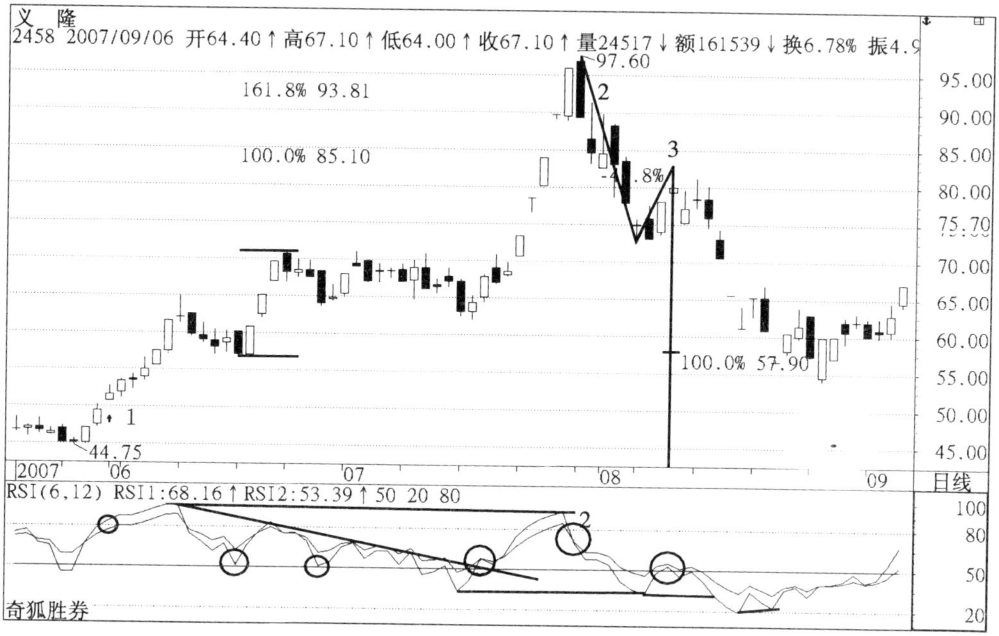

图5－9

RSI指标在50就做止跌的低点。之后我们用RSI作为形态，画下降压力线，RSI突破压力线后，观察股价是否有续涨，若有则又是另一波的上涨开始（图5－9）。

（2）启动另一波的涨势，测量幅度可以用前面上涨段的高低点作为箱体，如此可知后续上涨强弱力道与目标满足之后，做减码的策略。上涨力道比前一段减弱时，指标就会出现头部背离现象，我们发现6日RSI与12日RSI死亡交叉后续跌，就是暗示往下修正开始。

（3）2007年8月9日的RSI指标接近50做止涨的现象，开始C波往下的跌幅。在测量目标中，除了用箱体做测幅外，也可以用波浪做目前下跌波与前波下跌幅度做力道强弱的比较。下跌满1倍幅之后，我们可以发现RSI指标有底部背离的现象，只要后续有做止跌再续涨，至少就是反弹的开始。

（4）RSI指标是比较短线的相对坐标，所以可抓短线的力道强弱。只要先定义长线的趋势之后，利用 RSI 指标的信号来抓短线的买卖点，也可以用月均线配合当作趋势，然后用 RSI 指标作为切入的买卖点。

十、灵活思考

6286 立锜－多头势

图 5－10

（1）如图 5－10 所示，2006 年 1 月 3 日 RSI 过 80 之后续涨，暗示多头已经取得主控权，虽然过 80 之后没有造成轧空，但是 RSI 大部分时间都位于 50 之上，一破 50 就止跌，且股价一直未跌破大级数的末升低，显示出多头的决心，一路盘坚而上。

（2）2006 年 6 月 4 日 RSI 突破 80 之后续涨，代表盘坚走势转为轧空走势，股价快速拉升，造成轧空行情，且只要RSI一回到80之下，股价就止跌。明眼人应可趁股价回档之际，勇于加码。

（3）这里告诉我们，多方攻击成功与否有三种盘态，即盘坚、轧空、强轧空，不是盘整就是往上喷出，所以关键防守点位没破之前，其获利的关键就是抱牢。跌破就不需要犹豫了，因为其变成盘跌、杀多、强杀多这三种盘态，不是盘整就是往下喷出，既然不利于买多单者，当然先出场观望。若可以认清六大盘态，就不会有摊平加码的观念了。

6286 立锜－空头势

图5－11

（1）如图5－11所示，2007年6月8日RSI头部背离之后股价止涨，头部背离之后股价续跌，表示短期头部已经成形。持有多单者应于此时减码，待头部确定后出清持股，并可以反向放空。

（2）2007 年 7 月 11 日 RSI 破 50 之后并未止跌，虽于日后拉出一根大阳线，但隔日又迅速反向拉回。盘势已被逆转，持股者不应恋战，应待股价有反弹时迅速出清所有持股。

（3）2007 年 7 月 19 日股价跳空跌破末升低，其后虽有反弹，但是指标清楚告知过 50 之后就止涨，代表空头大军已经降临，此时不空，更待何时？

（4）自 2007 年 7 月 24 日以后，股价一路下杀，其中虽有反弹，但总是无法让指标过 50 之后续涨。读者可明显看出 50 以下的负面积大于 50 以上的正面积，代表行情一路走空。

（5）手脚快者可尝试于 RSI 破 20 止跌之际抢反弹，但是要切记守好止损点，发现苗头不对，立刻勇于认错出场。基本上，顺势操作较安全，逆势操作风险较大。

（6）2007 年 9 月 27 日指标过 50 之后续涨，代表空头力道已经稍微减缓，多方力图反扑，然而此波反弹仍未能突破末跌高，因此暂时以盘整行情视之。

第六章 实战操作技巧——W%R秘技

一、W%R实战技巧

二、运用W%R判断道琼斯月线走势

三、运用W%R的箱体理论判断趋势变化

四、运用W%R判断盘态及找寻切入点的方法

五、运用W%R看主力洗盘手法及多头推动波

六、运用W%R抓盘整后的启动点

一、W%R 实战技巧

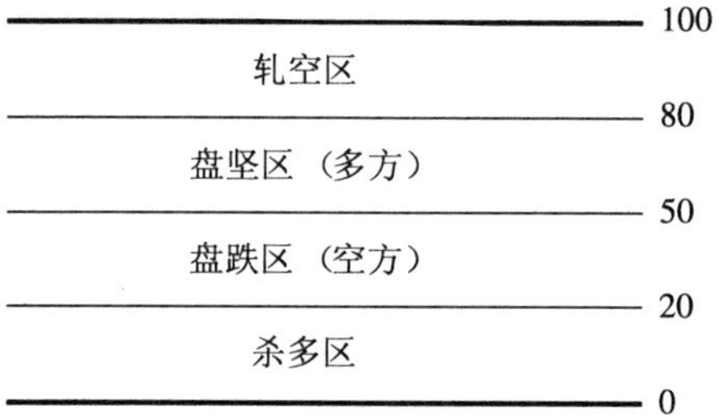

图 6－1

（1）W%R＝50，为多空线（图 6－1）。

（2）W%R 过 80 通常会做止涨，若续涨就是轧空。

（3）W%R 破 20 通常会做止跌，若续跌就是杀多。

（4）多头趋势中，W%R 在 50 之上的面积会比在 50 之下的面积多。

（5）空头趋势中，W%R 在 50 之下的面积会比在 50 之上的面积多。

（6）大盘整走势通常是 W%R 过 80 见箱体高点，破 20 见箱体低点。

（7）W%R 指标在 K 线之应用就是，找箱体的伸缩作为速度的判断。

（8）多头趋势中，W%R 与 50 多空线黄金交叉要再续涨。

（9）多头趋势中，W%R与50多空线死亡交叉要做止跌。

（10）空头趋势中，W%R与50多空线死亡交叉要再续跌。

（11）空头趋势中，W%R与50多空线黄金交叉要做止涨。

（12）利用W%R可以计算轧空势与杀多势的目标测幅。

（13）头部与底部背离，只是告知上涨或下跌力道趋缓而已。

（14）指标头部背离的成立，需要股价拉回修正后又续跌才成立。

（15）指标底部背离的成立，需要股价反弹修正后又续涨才成立。

（16）W%R贴顶（=100）通常会做止涨，若续涨就是强轧空。

（17）W%R贴底（=0）通常会做止跌，若续跌就是强杀多。

（18）由于指标被限制在0~100之间，所以才有钝化的现象。

（19）破解钝化的现象就是用实际K线的箱体去看上涨或下跌力道。

（20）W%R的扣抵值，可参考箱体高低点扣抵值与收盘位置做推估。

二、运用 W%R 判断道琼斯月线走势

道琼斯月线

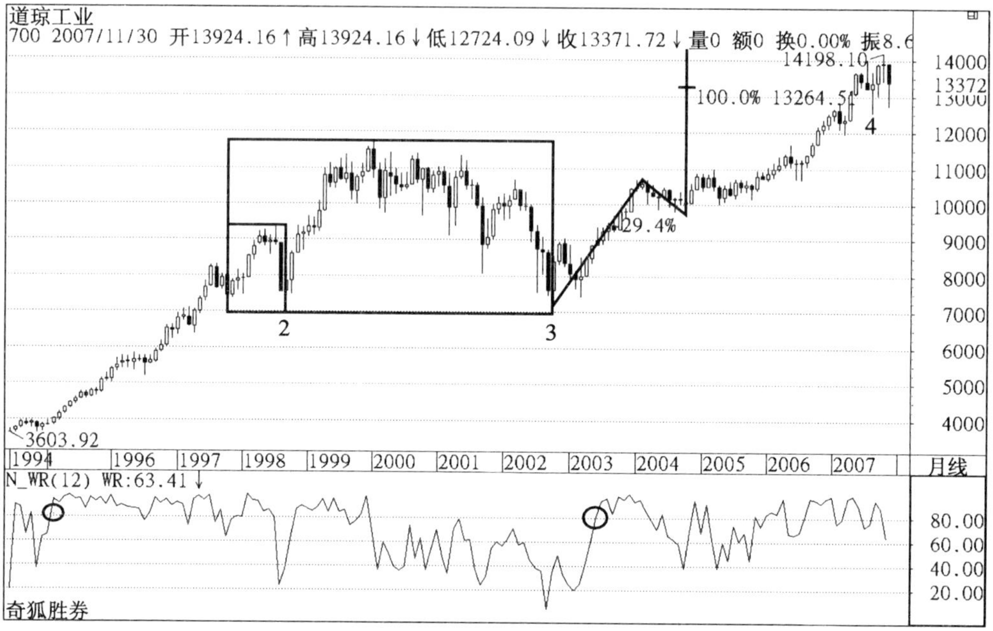

图 6－2

（1）用趋势的定义来看道琼斯月线，目前依然在走多头。用威廉指标来看道琼斯走势可以发现，只要创 12 个月的高点或接近箱顶 8 成以上，也就是 1 年之内投资者大部分都是赚钱的，只要股价再续涨就是轧空开始。在多头趋势下就是只要拉回，就会有人想接多单，因此都会一直维持在箱体的强势位阶（图 6－2）。

（2）多头趋势中一定会有大回档的修正，只要回到 12 个月的相对低点，就会有低接买盘进入买进。请逆向思考，若

这12个月买进的人都严重套牢，则再续跌就不是多头的现象了，因此在威廉指标跌落低档时，若止跌就能维持多头，否则就是空头变成多杀多。

（3）若把箱体转换成更大的级数，比如最后一波为一个大箱体，接近或跌破末升低时，就是跌到箱体的底部，通常会先反弹，反弹之后再用后续的箱体分出强弱，便可判断是反弹还是回升行情。投资就是先有策略之后，沿路做判断与防守止损止盈点即可。

（4）目前来看，道琼斯的月线一直都在箱体的80附近游走，也就是依然在多头轧空走势的控制之下，所以还没有大修正的迹象，月线的末升低在12517点，只要没有跌破，月线还是走多头趋势。

（5）投资需要由大级别到小级别，观察每一种级别分别在六大盘态的哪一种位置。

三、运用W%R的箱体理论判断趋势变化

道琼斯周线

（1）从周线的箱体看趋势可以发现箱体越来越大，但是到高处时，箱体重叠部分越来越多，这代表回档的力道越来越强。因此趋势就是箱体由小变大的表现，要维持趋势，就是箱体的重叠之处要越少越好，这代表的是力道的强势，重叠越多，就是趋势力道减弱，有反转的可能性（图6－3）。

（2）再看威廉指标可以发现，上涨时若很强势，指标就会持续在距离箱顶20%之内，也就是指标的钝化产生。只要大修正之后，指标会到距离箱底20%之内，此时又是一次中期买点。直到破箱底20%之后不止跌，就是趋势的反转与杀

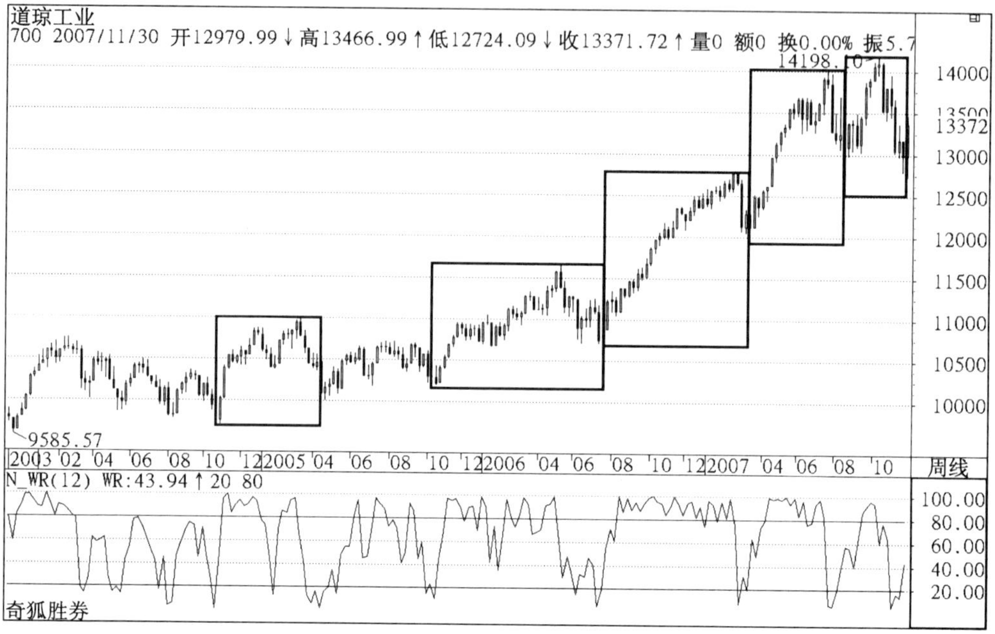

图 6－3

多的开始。

（3）从周线来看，中期有转弱与做头的迹象，只要周线的末升低跌破之后就会转成中期大盘整。

四、运用 W％R 判断盘态及找寻切入点的方法

2409 友达

（1）在 2007 年 1 月 10 日找到 43.2 的低点之后，9 天威廉指标到达 80 之上，从指标原理而言，就是收在箱顶的 8 成之上，因此只要再涨就是最近的人都赚钱，一旦有人认同，资金一进入就是趋势开始往上发动了。拉回到 9 天威廉指标的 20 之下，就是短期买进的人都已经套牢，若再续跌就会引动止损卖压，刚好又是回测 2007 年 2 月 2 日留下的跳空缺

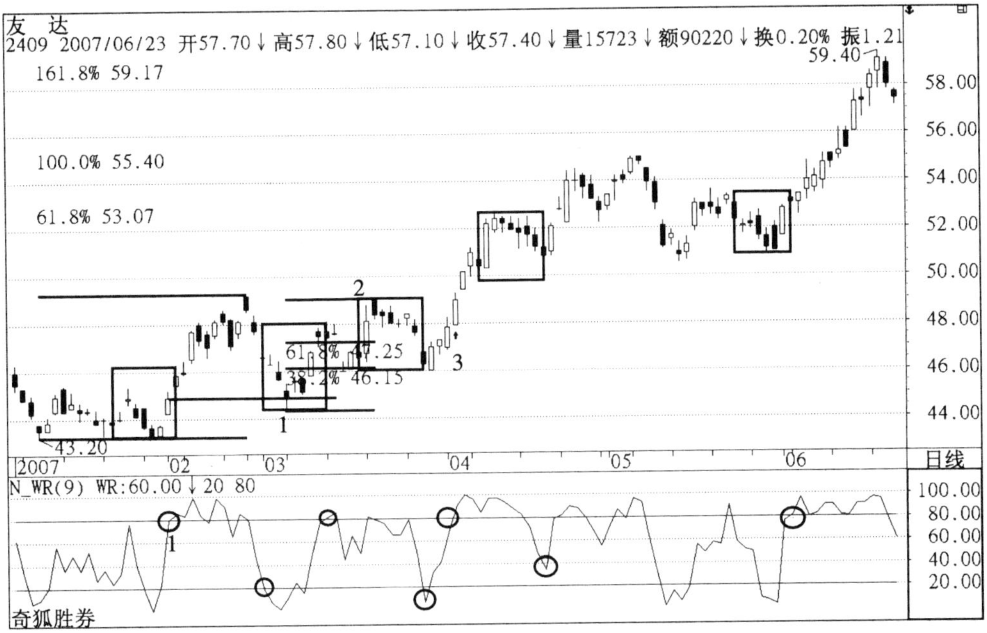

图6－4

口，所以要维持多头趋势就会做止跌（图6－4）。

（2）从3～4月的威廉指标可以解读出盘整的信号，因为到达超买区时就涨不动，到达超卖区就跌不下去，所以在箱顶要先卖，到达箱底就要先买。但是在主趋势还是往上时，策略就是买多单与减码即可，切勿一时贪拉回而做空，结果多单没有建立到又被往上轧空到，最后得不偿失。

（3）2007年4月3日过箱顶之后续涨，就是轧空的开始，之后拉回到多空均衡点与超卖区，通常要维持多头趋势就会做止跌，可以在止跌附近做买进加码的动作，跌破止跌点就是与假设不符，要先出场观望。这是一个防守点接近且止损不多，很好防守的地方，只要能维持多头，就可在风险利润比符合条件时下单。

五、运用 W%R 看主力洗盘手法及多头推动波

1201 味全

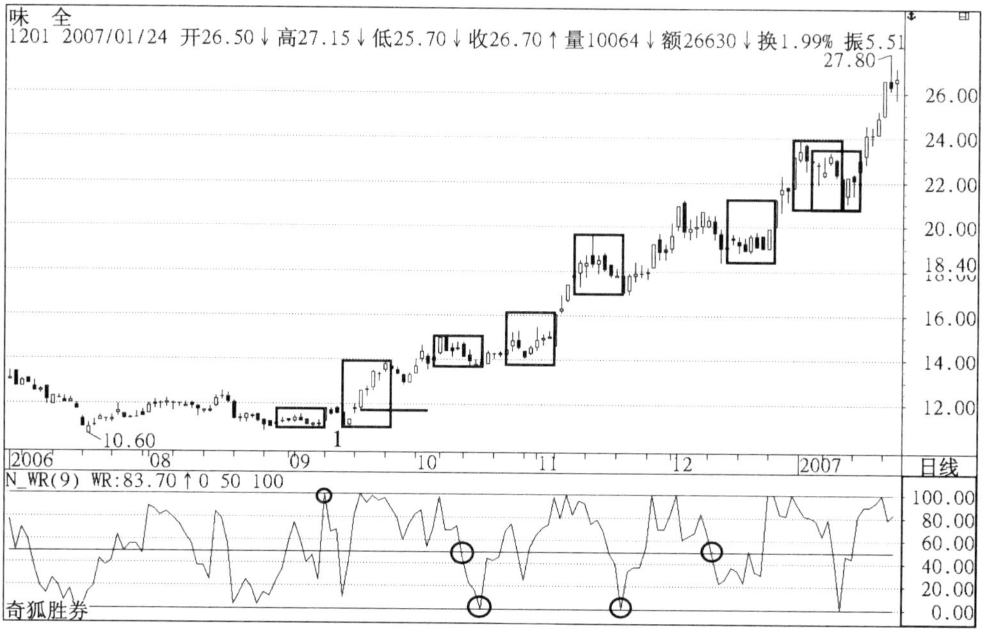

图 6－5

（1）2006 年 9 月 11 日过 9 天的箱顶，此根 K 线为一过三的关键 K 线，2006 年 9 月 14 日拉回跌破之后，隔天开始往上急拉 7 天，这就是主力拉回洗盘的手法。只要拉回量缩大家都不卖时，就是筹码稳定之时。此时主力就可以快速拉升，做远离成本的动作（图 6－5）。

（2）若从 9 天威廉指标来解读，当 2006 年 9 月 11 日过了箱顶之后，开始往上续涨就是盘整转上涨的开始；上涨之后又转成盘整，在指标超买与超卖之间做摆荡。每次只要当趋势确认后，在指标每次进入超卖区时就可以寻找止跌的买

进点，只有如此才能做完完整的趋势行情。

（3）图 6－5 中味全股价从 10 元附近涨到接近 30 元，涨了快 3 倍只花约半年的时间。从趋势观点看都是大涨小回格局，每次指标到达低档就是多单加码的买点，若注意看每一段的高低点，几乎没有看到缩小浪的迹象，代表涨势依然在延续之中。所以利用威廉箱体的观念，可以宏观地看出趋势与多空力道的强弱。

六、运用 W%R 抓盘整后的启动点

2451 创见

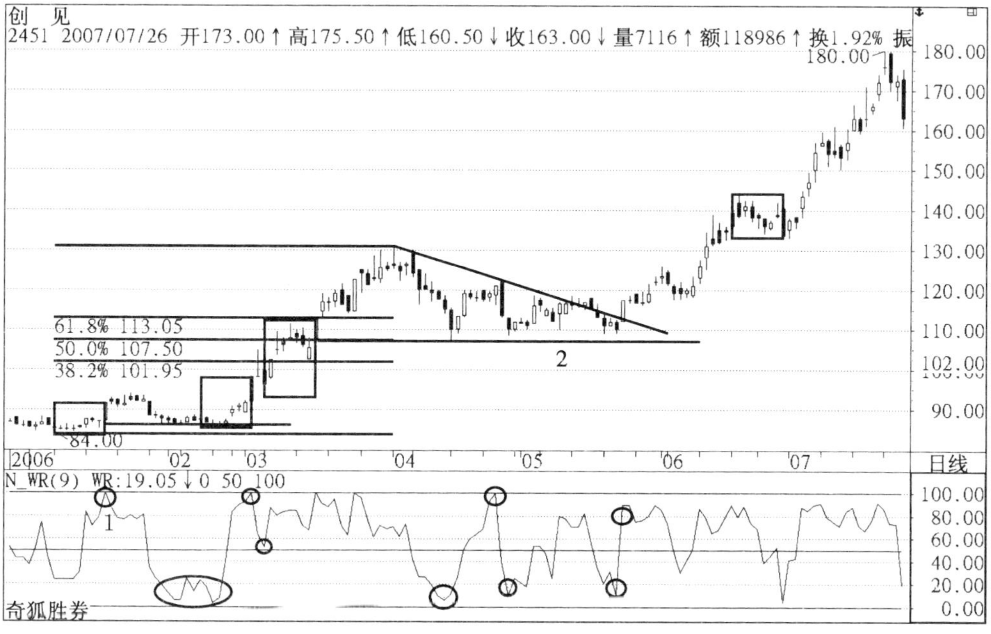

图 6－6

（1）2007 年 1 月 18 日威廉指标到箱顶之后，此根 K 线又是一过三的关键 K 线，所以依照之前若下杀接近此关键 K

线低点，发现没有人想卖，且威廉指标掉入超卖区之后，就要注意是否为拉回洗盘的买点，在风险利润比很好防守的时机下，是最适合试单操作的（图6－6）。

（2）在2007年3月2日见到9天威廉指标到箱顶时又再续涨，就知道这是洗盘之后的快速脱离主力成本的拉升动作。结果从发动低点到高点，约拉升5成的幅度，才开始做大整理洗盘。用指标依然可以知道到箱顶就止涨，到箱底就止跌，在形态上就是收敛三角形。

（3）在整理之时间中，会很规律的遇压遇撑之上下摆动，目的是要让所有均线（也就是短中长的均价都很接近时）可以于纠结之后，再用一根大阳或大阴给定一个新方向。也就是只要有一根关键K线改变收敛三角形的惯性，即趋势改变之时，指标到达过热区再续涨，就是真突破的判断。

第七章 实战操作技巧
——MACD 秘技

一、MACD 实战技巧

二、判断多头趋势启动点及回测止跌点

三、判断多头趋势启动点及短线转折点

四、运用 MACD 特性找转折形态

五、判断盘坚走势及运用负背原理找止跌

六、运用正负乖离特性找止跌、止涨及启动点

七、MACD 与股价波动原理结合

八、多头趋势的碎步儿盘坚短线来回

一、MACD 实战技巧

（1）零轴为多空线。

（2）多头趋势中，DEF 在零轴之上的面积会比在零轴之下的面积多。

（3）空头趋势中，DEF 在零轴之下的面积会比在零轴之上的面积多。

（4）多头趋势中，DIF 在零轴之上的面积会比在零轴之下的面积多。

（5）空头趋势中，DIF 在零轴之下的面积会比在零轴之上的面积多。

（6）大盘整走势通常是 DEF 在零轴之上见箱体高点，破零轴之下见箱体低点。

（7）用 DEF 柱状体之间的比较做短线操作，运用与零轴之生死叉做中线操作。

（8）多头中期趋势中，DEF 与零轴黄金交叉要再续涨。

（9）多头中期趋势中，DEF 与零轴死亡交叉要做止跌。

（10）空头中期趋势中，DEF 与零轴死亡交叉要再续跌。

（11）空头中期趋势中，DEF 与零轴黄金交叉要做止涨。

（12）利用 DEF 柱状体之间的比较可以计算轧空势与杀多势的目标测幅。

（13）头部与底部背离只是告知上涨或下跌力道趋缓而已。

（14）DEF柱状体头部背离的成立，需要股价拉回修正后又续跌才成立。

（15）DEF柱状体底部背离的成立，需要股价反弹修正后又续涨才成立。

（16）多头长期趋势中，DIF与零轴黄金交叉要再续涨。

（17）多头长期趋势中，DIF与零轴死亡交叉要做止跌。

（18）空头长期趋势中，DIF与零轴死亡交叉要再续跌。

（19）空头长期趋势中，DIF与零轴黄金交叉要做止涨。

（20）DEF和MACD之黄金交叉与死亡交叉，为更大级数的买卖确认点。

二、判断多头趋势启动点及回测止跌点

2451创见

（1）2001年10月11日发现柱状体与零轴做黄金交叉后，若要维持空头趋势，应该续跌并跌破附近的低点，结果不但没有续跌，反而有筑底的迹象，因此确认是否由空转多。除了末跌高要过之外，还有一个方式：DIF与零轴黄金交叉又续涨，就是中期底部出现了（图7－1）。

（2）2001年11月8日DIF与零轴黄金交叉又续涨，就是中期底部出现了。两天后柱状体正背又续涨，为轧空走势之开始。读者可以发现，由26元附近涨到125元之间，股价拉回之际，通常柱状体与零轴死亡交叉会先做止跌，而且连续低点都是支撑有效。

（3）柱状体在零轴之上可看作正乖离，在零轴之下可看

图 7－1

作负乖离，所以多头趋势经常维持在零轴之上，破零轴或创新的负乖离就会做止跌，否则趋势就会被扭转。因此图中柱状体负背时，可发现做止跌低点，就是这个意思。任何指标只要与股价波动原理配合一起思考，就会发现指标的好处。

（4）多头趋势要注意 DIF 在零轴之上就是长线多头，短中线是看柱状体与零轴之间的黄金交叉要续涨、死亡交叉要做止跌，直到有一次黄金交叉止涨之后，就要注意趋势是否转成大盘整或有由多转空的机会。

5483 中美晶

（1）2006 年 12 月 15 日发现柱状体与零轴形成黄金交叉后，股价便直接拉过末跌高的压力区，做震荡盘整。随后中线的 DIF 也与零轴做黄金交叉，这时候我们必须转变为多方思考（图 7－2）。

（2）中期趋势扭转之下，应在股价做适当回落时买进持

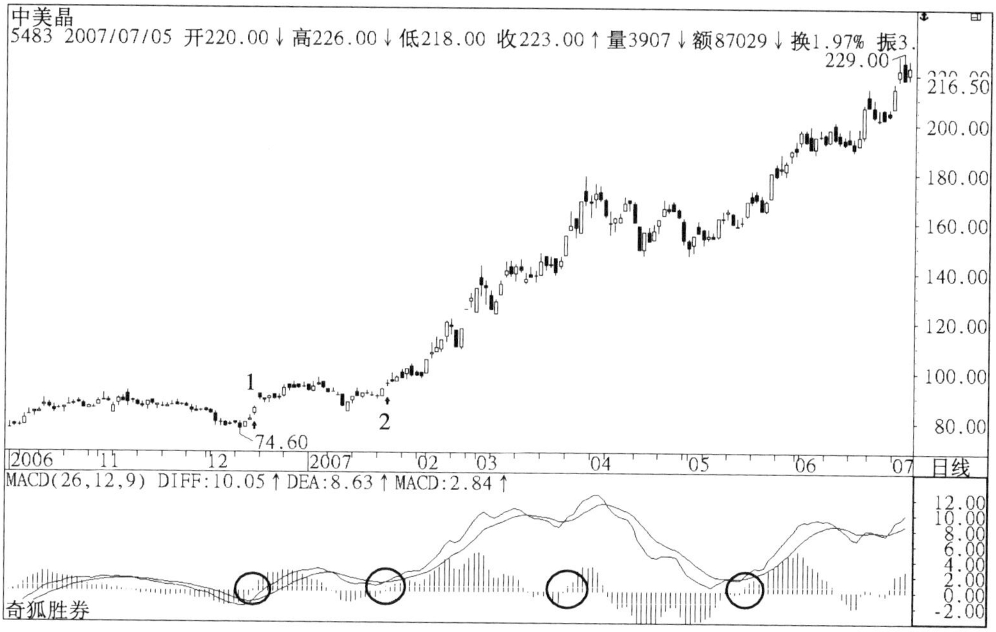

图7－2

有。因此元月中旬，柱状体再次与零轴做黄金交叉时，便是短线转强的信号，应将其视为中多的买进点。在此读者可以观察2006年12月15日之后，零轴之上的柱状体面积已经大于零轴之下的柱状体面积，代表多方力道远强于空方力道，在过末跌高之后拉回就要勇于试多单。

（3）中期波段行情的走势会维持一段不短的期间，其中短线仍旧会有股价的来回波动，当短线力道用尽，自然会有拉回修正，此时观察中期趋势的力道，便要从柱状体彼此间的消长切入，当然最简单的就是在中多架构保护下，逢柱状体与零轴做黄金交叉时买进。

（4）而当柱状体与零轴做黄金交叉后，股价却没有续攻上涨的走势时，我们才需要观察它是否转变为大区间震荡，或是已经有其他的卖出信号出现。

三、判断多头趋势启动点及短线转折点

2379 瑞昱

图 7－3

（1）2006 年 6 月 20 日大阴线破低后，我们可以发现为何没有连续性的追杀走势因此要怀疑是否反弹即将开始，2006 年 6 月 26 日发现柱状体与零轴黄金交叉后续涨反弹已经开始，由于跌深之后反弹过后拉回打第二只脚让均线走平是很正常的事，因此注意观察柱状体与零轴死亡交叉时的止跌信号（图 7－3）。

（2）果然 2006 年 7 月 17 日见到低点后弹升，隔日的日出大阳线可以做切入之动作，先看过颈线 34.75 之反应。2006 年 7 月 27 日发现 DIF 与零轴黄金交叉后续涨，暗示中期

趋势转为多方，可以用目标测量作为上涨目标的量测，通常一个目标之极限为一个箱体的5.236～6.854这个区间。

（3）中线上涨趋势开始后，就要开始注意柱状体接近零轴时，是否有止跌的迹象，末升低没有跌破之前，只有续抱多单与减码这两种动作。做波段单就是要不取于相，如若不动，直到趋势改变涨不动为止，唯有修炼此技巧，才有办法在做对时大赚做错时小赔出场，切勿因为舍不得止损而摊平，也不要因为舍不得拉回会少赚而卖出股票。舍得就会有所得，请读者细心体会一下。

（4）当有较大的修正或修正的时间较长，会遇到DIF接近零轴时，股价会做较长线的止跌。另外也可以配合柱状体，形成指标负背时，会因为要继续维持多头的惯性而做止跌，直到柱状体形成指标正背，但是又见高点止涨时，就告诉我们大区间整理开始，此时股价原本上涨的速度感就会逐渐消失。另外，请读者自行观察每一段的箱体是逐渐变大还是缩小，再辅助指标的提示。

2448晶电

（1）2006年4月10日阴K线造成DIF与零轴死亡交叉，造成中期趋势有机会向下，但是在点到末升低之后马上拉升往上，就要怀疑这是中线修正过后的买点。其后柱状体与零轴形成黄金交叉时续涨就是加码点，直到5月初，DIF短均再次与零轴做黄金交叉，就更确定中期多头再次启动并持有多单（图7－4）。

（2）确认中多行情后，除利用柱状体与零轴的黄金交叉作为短线攻击发动的买点，还可以利用柱状体的负背，抓低档转折买点。

（3）中期波段走势里，利用低档转折买到相对便宜的价位相当重要，持股能够续抱的前提为，自己持有相对低价的

图 7－4

股票，把握住中期趋势里的低档背离转折才是上策。

（4）柱状体在中期趋势里是其力道的展现处，柱状体与零轴黄金交叉既是短多起攻，柱状体与零轴死亡交叉应为修正行情的止跌处，若柱状体力道创新低，股价却守稳，那么我们就应思考是否有人在此逢低吃货。

四、运用 MACD 特性找转折形态

2027 大成钢

（1）由 2005 年 11 月 1 日柱状体与零轴黄金交叉见高点，2005 年 12 月 2 日柱状体与零轴死亡交叉见低点，可以知道目前下跌急杀趋势已经变成盘整趋势；在 2005 年 12 月 22 日的 DIF 与零轴黄金交叉后有续涨，且之后连续两次柱状体与零

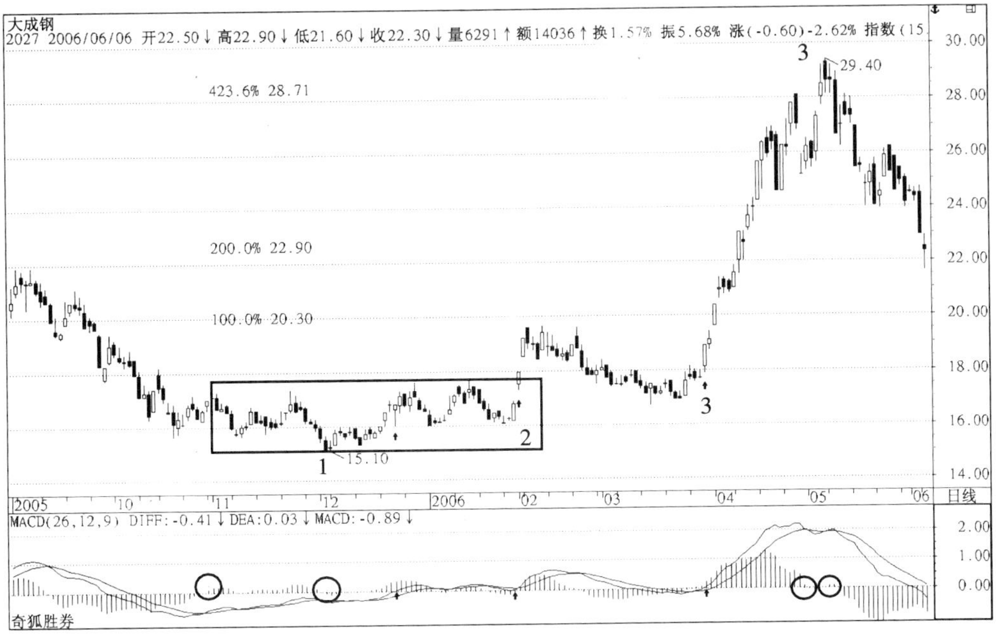

图 7－5

轴死亡交叉见低点，推测筑底部机会很大，所以可以开始布局买进（图 7－5）。

（2）2006 年 2 月 3 日用跳空大阳线过 16.2 之区间整理的箱顶，指称又出现柱状体与零轴黄金交叉续涨，此时可以确定由空转成多的概率大增。但股市就是如此有趣，于发现要上涨之际，主力为了做甩轿的动作，会先做一段时间的小洗盘动作，把不耐久磨的投资者洗出后才快速拉升，因此只有守好止损点，耐心等待启动点的到来。记住，“耐心等待”是波段操作者应有的修养。

（3）2006 年 3 月 30 日开始启动，此时 DIF 与零轴黄金交叉后有续涨波段发动开始，用箱体的目标测量可以发现，4.236 倍幅附近，走势较不干脆，类似盘坚上涨型，再配合指标的柱状体与零轴黄金交叉止涨，柱状体与零轴死亡交叉续跌后就往下修正了。

（4）读者可以更细微地观察图 7－5 中柱状体产生正背与负背该有哪些行为与现象。技术分析的了解，在于不断练习与自我解释现象为何发生，找出趋势该有的行为，做顺势的动作，若不如预期时，则做分批出场的动作。唯有如此才能在投资路上避开风险，并获取该有的利润与报酬。

1467 南纬

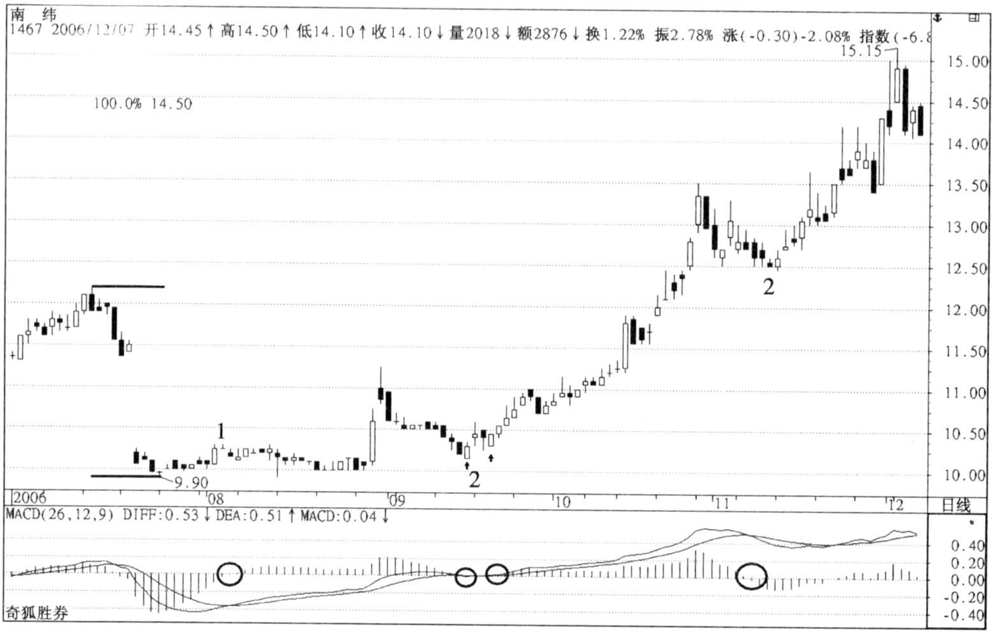

图 7－6

（1）于 2006 年 8 月 3 日发现柱状体与零轴黄金交叉就做止涨，于 2006 年 9 月 15 日发现柱状体与零轴死亡交叉就做止跌，便要怀疑若能守住大阳线低点，就有机会让均线走平往上助涨了。

（2）于 2006 年 9 月 15 日发现柱状体与零轴死亡交叉就做止跌，于 2006 年 9 月 20 日发现柱状体与零轴黄金交叉后又续涨，则启动开始做喷出轧空走势。突破箱顶后开始用目标测量找寻卖点，后续柱状体与零轴死亡交叉就做止跌，可以知道趋势依然往上不变，纵使中间有些许价差的回档，但是事后证明，只要按照指标的指引，就可以抱到涨不动之时。

(3) 在图7-6中，读者可以将每一涨升段视为一个箱体，箱体依然是越来越大，没有力道竭尽的迹象。另外，箱体间的重叠部分就是拉回深浅与否的表征，拉回的幅度大概都差不多，所以更能跟指标一起配合使用。

(4) 另外，请读者注意观察多头趋势中，柱状体在零轴之上的面积与时间是否都远大于柱状体在零轴之下的面积与时间，也就是正乖离通常都会大于负乖离，除非两个面积很接近，否则趋势还在喷出阶段。当面积很接近时，就是转成盘整之时，就要小心之后是正面积会大于负面积，还是负积会大于正面积。前者是修正后继续再涨的信号，后者是由多转空的信号。

2324 仁宝

图7-7

（1）于2006年8月23日柱状体做低档背离见箱体低点后，柱状体在零轴是一缩头便见箱体高点，几次逢箱体低点时，柱状体一缩脚就是低点，直到再次黄金交叉之后不跌，随即DIF与零轴做黄金交叉后突破箱体区间高点，才改变区间来回的惯性（图7－7）。

（2）当DIF黄金交叉股价续涨且突破箱体高点压力区，应该要了解到行情已经有所转变，中多行情是否已经悄然展开。在随后柱状体再次与零轴黄金交叉后股价续涨得到了印证，当然，这时候买进持有是必要的做法。

（3）大区间盘整时，柱状体与DIF会多次和零轴做出黄金交叉与死亡交叉，每一次信号出现后的观察重点，当然是股价是否改变区间来回的惯性，若出现惯性改变，就必须思考是否为趋势的转折发动点。

（4）运用MACD确认区间盘整转趋势盘的转折发动点，除区间盘整惯性的改变之外，当然是观察DIF与零轴黄金交叉后，柱状体再次与零轴死亡交叉是否做止跌买点，若是续跌则失败机会大。

五、判断盘坚走势及运用负背原理找止跌

1434 福懋

（1）于2006年6月19日发现柱状体与零轴黄金交叉后有续涨又过末跌高，趋势有机会小扭转；于2006年7月17日发现柱状体与零轴死亡交叉就做止跌，可以确定买进后至少有一波可赚。后面有一段长时间都是柱状体与零轴黄金交叉做止涨，柱状体与零轴死亡交叉就做止跌，但是底部越垫越高，这就是盘坚型进货的模式（图7－8）。

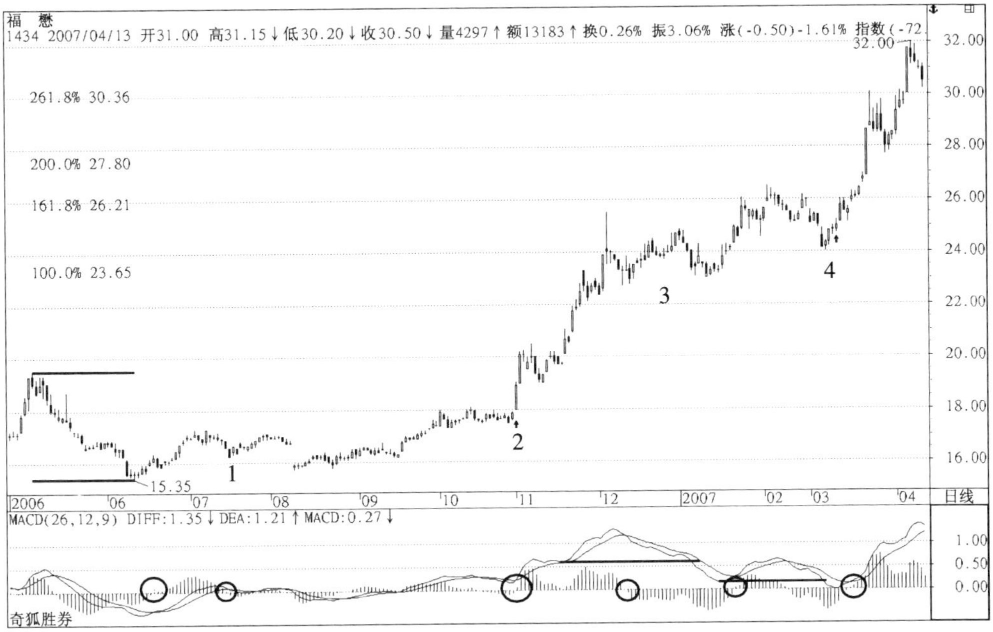

图7－8

（2）于2006年11月1日发现柱状体与零轴黄金交叉后有续涨，而且于隔根K线过5个月的新高，通常会有很多人因为可以解套而卖出来，此时主力会借此机会做洗盘的动作，洗盘完，读者是否发现后面走势突然有变快的状况呢？

（3）后续柱状体与零轴死亡交叉就做止跌，于柱状体与零轴黄金交叉后就续涨，可以清楚知道多头趋势依然往上，纵使发现有一堆上吊线、十字线或大阴线，只要末升低没有破、指标没有发出信号叫您走，我们只有耐心续抱，把利润扩大，这就是不取于相的最好解释。

（4）这里有另外一个技巧就是，DIF与前面有负背时，在多头趋势中就会做止跌后再续涨的动作，如图7－8中两条水平线所给的信号。2007年3月8日发现DIF于接近零轴后做止跌，往后用日出大阳线做攻击后面的走势又快又急，所以指标不会骗人，会骗人的是我们这颗胡思乱想、经常接受杂信的心。

2365 昆盈

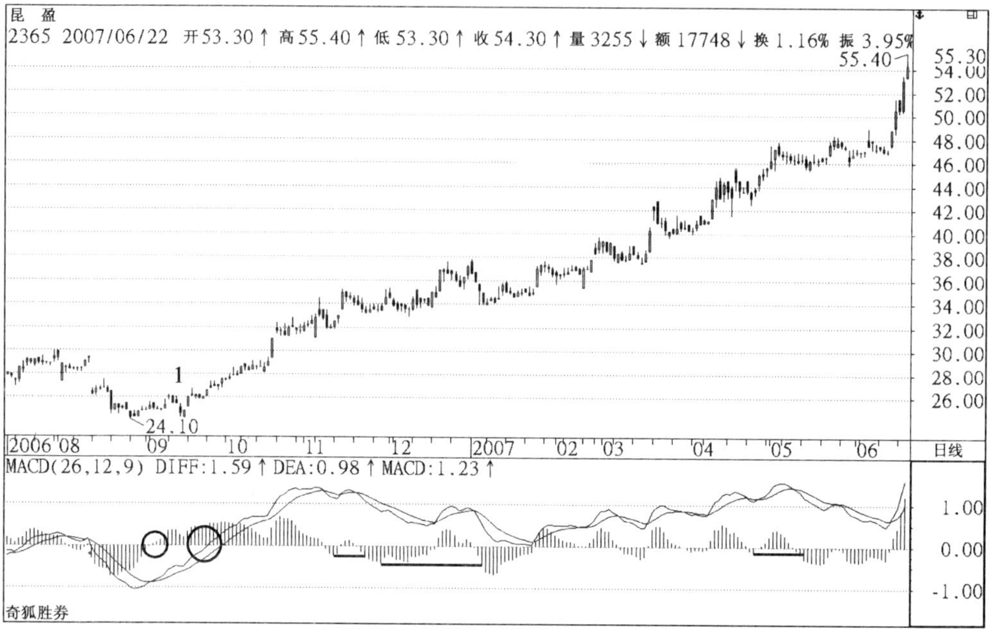

图 7－9

（1）在2006年9月3日柱状体与零轴做黄金交叉后即短底形成，随后DIF与零轴做黄金交叉，确认中期多头趋势开始。在中多趋势架构下，应趁股价适当回档时做买进。但是，我们发现股价在过末跌高之后，不断做出过高拉回的盘坚走势，此时运用柱状体与零轴黄金交叉时买进，反而容易买到短线高点（图7－9）。

（2）要在中多行情里建立仓位，只有利用短线攻击发起时切入或拉回低点守稳时买进，盘坚走势里自然是以后者为最佳切入方式。此时运用柱状体的负背特性，股价守稳该区域低点时作为买进时机，多数会买在波段行情中的相对低点。

（3）只要守稳区域低点，配合柱状体特性时股价不续跌，盘坚走势行情里拉回，买在底部区域的价位方法，对于中期持有者在加码操作上是非常重要的课题。

六、运用正负乖离特性找止跌、止涨及启动点

9914 美利达

图 7-10

(1) 于 2007 年 2 月 7 日柱状体与零轴黄金交叉后见止涨，这于下跌中见到此现象就是告诉我们反弹结束要再往下测底部。2007 年 3 月 3 日的 DIF 与零轴做死亡交叉隔根 K 线见止跌，这现象告诉我们这里应该是长线拉回修正的低点，也就是以此低点作为止损点逢低买之后再次有攻击的信号，就是下次的波段的起涨点（图 7-10）。

(2) 于 2007 年 3 月 16 日柱状体与零轴黄金交叉后，隔

日又是 DIF 与零轴做黄金交叉后续涨，两个信号同时出现，就是告诉我们波段起涨启动，过前面整理很久的箱顶，做了几天小波段洗盘之后，再拉升的速度就增快许多，此时可用箱形目标测量法往上做测量。

（3）于 2007 年 4 月 30 日发现柱状体与零轴死亡交叉见高点，之后开始箱形区间震荡，柱状体在零轴上下的高度其实可以看成正负乖离，因此多头趋势中，正乖离会大于负乖离，也就是柱状体在零轴之上的高度会大于柱状体在零轴之下的高度，所以只要负乖离最大处所对应的低点，大概就是最低点。从图 7 – 10 中可清楚看到，拉回修正的极限就是很接近最大正乖离的时候。

（4）每次修正到一段时间时，DIF 与零轴就会很接近或做死亡交叉，通常就是修正低点时，虽然不知道会不会马上往上攻击，但是低档不做多是可以确定的。2007 年 6 月 15 日柱状体与零轴黄金交叉后，往上开始续涨，展开另一波段的攻势，在这涨势之中，末升低从来没有破过，但是 3 ~ 7 月若耐心抱股票，短短不到 5 个月就有快 1 倍的利润。

3702 大联大

（1）2006 年 5 月 17 日柱状体与零轴死亡交叉见高点之后开始往下修正，直到 2007 年 6 月 23 日柱状体与零轴黄金交叉后续涨，之后拉回修正的低点，也刚好是柱状体与零轴死亡交叉见止跌低点，后续又是用同样的方法再操作一次。读者是否注意到，为何拉回于柱状体与零轴黄金交叉附近的 K 线刚好做止跌呢（图 7 – 11）？

（2）于 2006 年 8 月 28 日创新高之后的拉回，通常修正较深，会在 DIF 与零轴做死亡交叉时见到低点，所以在此要准备做拉回的做多加码点，因为过高之后再往上攻击，就是另一个箱体的转移，因此只要箱体的幅度远大于止损的金额

图 7－11

就值得一试。于 2006 年 10 月 14 日柱状体发生正背之后又续涨，这现象就是告诉我们另一波的启动已经开始。

（3）往上攻击时，可以开始用箱体的目标测量往上测幅，于 2006 年 11 月 3 日柱状体跟零轴做死亡交叉，隔根 K 线见低点。于 2006 年 11 月 17 日柱状体跟零轴做黄金交叉后续涨，又做另一波涨势的开始，沿途依然符合多头趋势末升低都没有突破，所以只有多单续抱或逢高减码的动作。

（4）于 2006 年 11 月 30 日，我们发现过 2 倍的目标测幅之后，同时也发现柱状体的高度为最大，也就是正乖离最大时，收了一根大阴线，隔日又是一根日落长黑，这现象告诉我们短期的高点出现，可以分批减码。由于末升低没有跌破，所以若有低成本区的，可以留下部分，等候下次见底之再把减码的部分补齐。这种方法是希望在满足点可以减码做价差，但是若全部卖掉，可能会因为之后再买进时变成高成本区而抱不住股票。

5351 钰创

图 7－12

（1）运用 MACD 可以找转折的买点，当然，也可以运用其抓转折的卖点。我们利用柱状体与股价间的背离形态来抓股价头部区域之卖点相当精准，由图中在头部形态出现同时卖出持股，多数可以卖到短线相对的高价区（图 7－12）。

（2）波段行情里，并不是背离就一定会形成高点回落，这部分只是概率问题而已。我们知道背离现象容易形成股价不涨的情况，先卖出持股规避可能回档的风险，在行情确立续涨时，再做买进持有不迟。所以多头趋势只有先减码，没有放空的动作，至少只会错在反转的那一次，这就是顺势而为、伸缩持股的操作。

（3）在头部背离做持股卖出之后，如何确立行情续涨要切入买进点呢？最简单的方式便是运用柱状体与零轴再次形成黄金交叉的时候，观察买进时机，此时为短线攻击发起的信号，只要股价能够续涨，又将是另外一波走势地开始。

七、MACD 与股价波动原理结合

1444 力丽

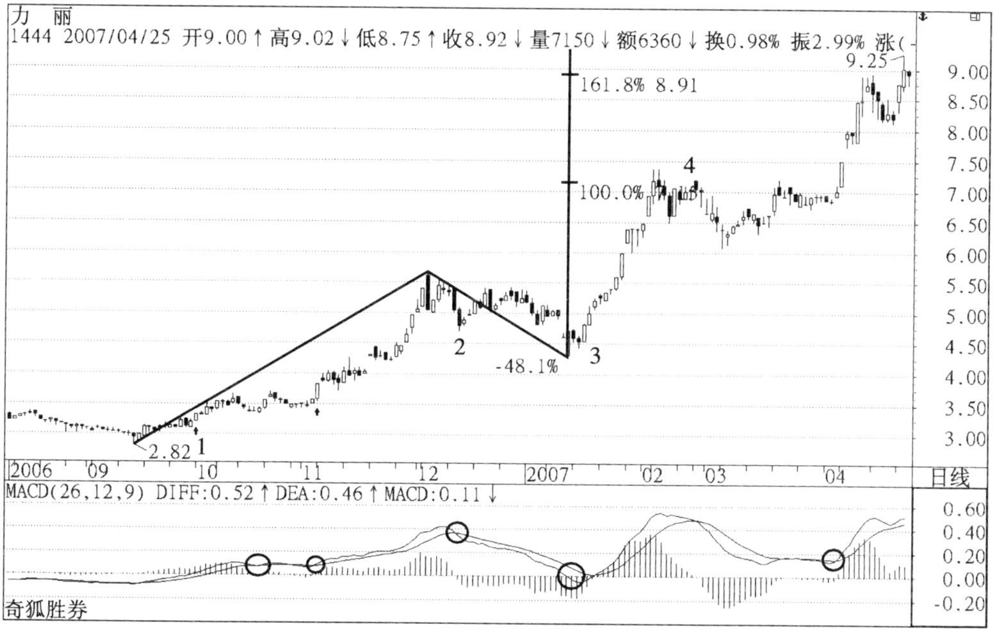

图 7－13

(1) 于 2006 年 10 月 2 日发现 DIF 与零轴做黄金交叉后续涨，告诉我们波段行情开始启动。于 2006 年 10 月 20 日柱状体与零轴做死亡交叉，当日见止跌低点，2006 年 10 月 30 日又再次柱状体与零轴做死亡交叉见低点的洗盘动作，2006 年 11 月 6 日柱状体与零轴做黄金交叉时，此根大阳线的低点没有收破前，就有机会往上攻击，因此后续拉回接近此根大阳线时可以做买进（图 7－13）。

（2）于2006年12月13日柱状体与零轴死亡交叉做止跌反弹，由于涨多之后会做修正，通常就是拉回a－b－c三波修正，也就是从K线的角度去看破前低点之后，就可能不会续跌了。于2007年1月12日的DIF与零轴接近交叉后见低点，又跟股价波动原理相符合，指标经常跟K线同步或提早，是因为指标的公式是由K线的开高低收而来的。

（3）于2007年1月22日柱状体和DIF同时与零轴做黄金交叉后续涨，开始另一波段的涨势。很巧合的是，于2006年12月5日为创新高之后的拉回，所以2.82～5.67为一个波段的上涨，因此看见DIF与零轴做黄金交叉后续涨的信号做买进，可赚到2.82～5.67这一波段；4.3～7.37又见到此信号。投资就是重复做对的事情，不断复制就会累积财富，同样MACD指标也可以与波浪理论同时结合在一起。

（4）我们可以用波浪测幅作为可能满足点的测量，并注意在重要关卡的做多风险区。于2007年2月5日柱状体正乖离过大，且测量1倍幅附近见高点。于2007年3月6日柱状体负乖离过大见低点，而且也符合多头趋势中，正乖离会大于负乖离的现象。从2.85～9.25都是符合多头趋势，低点越垫越高，且末升低都没有跌破过。

2498宏达电

（1）于2005年7月4日用大阳线过区间盘整区，刚好柱状体与零轴做黄金交叉续涨后，往上做轧空走势。于2005年8月4日柱状体与零轴做死亡交叉续跌，在末升低未跌破之前，发现上述信号就是做较长线的回档修正，因为小波段的回档大概在柱状体与零轴做死亡交叉就会做止跌。因此可以用此现象作为到底是小波段拉回还是大波段拉回的判断，并提供减码多单多寡的依据（图7－14）。

（2）于2005年8月17日附近，发现DIF与零轴做死亡

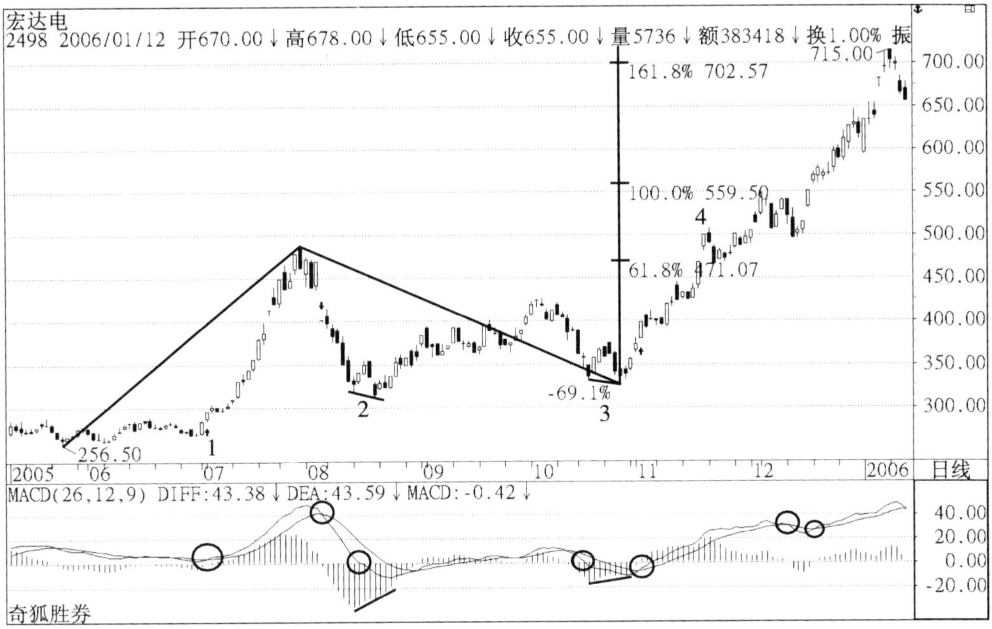

图7－14

交叉做止跌，这里就是长线拉回的布局点位。于柱状体发现底部背离时，股价再次破低点做缩小浪之后做拉升的动作。在配合指标的底部背离时，只要低点没有跌破再续跌的现象，并可以往上攻击，就是短底出现的时候。

（3）于2005年10月19日再次发现DIF与零轴做死亡交叉做止跌，同样又再次破低点之后做底部背离现象，并于2005年11月2日柱状体与零轴做黄金交叉续涨后往上做轧空走势。之后中途发现柱状体与零轴做死亡交叉做止跌，柱状体与零轴做黄金交叉做续涨轧空现象，以上现象都是多头走势的信号。

（4）可以利用波浪测量作为上涨的满足点，我们发现2005年11月21日柱状体正乖离最大时，继续创新高，告诉我们这里是主升段的机会大，所以到前面一波的1.618处才有机会做较大或时间较长的修正。学习技术分析，就是要知道股价波动原理与指标现象是密不可分的，一定要会解释指标给我们的信号之后，才能活用指标，并从中不断获利。

2426 鼎元

图 7－15

（1）于 2005 年 11 月 9 日见柱状体接近零轴时，见拉回的低点开始反弹，反弹接近 18.2 又加上柱状体与零轴做死亡交叉续跌，就是见反弹高点时，必须把抢反弹的持单出脱。在 DIF 与零轴做死亡交叉后续跌，就要等股价破底之后 DIF 指标负背时，才有机会见低点。于 2006 年 2 月 23 日见到此信号也见到止跌低点（图 7－15）。

（2）于 2006 年 2 月 23 日收盘创新低时，柱状体却没有再度创新低，造成指标底部背离。底部背离代表空头力道减弱，柱状体与零轴做黄金交叉后续涨，代表多头力道增强。在空头力道减弱与多头力道增强之下的底部背离才会成功做成短底，这就是股价波动力道原理在指标中的表现。

（3）于2006年3月2日柱状体与零轴做黄金交叉后续涨，请读者注意柱状体与零轴做黄金交叉后都守在13.6，这很明显有主力在此布局与防守。DIF与零轴作黄金交叉后又续涨，这里就暗示中期的波段已经开始，还没建立波段单者务必在此建立完毕，看后续到28.39也涨了快1倍左右，这就是用MACD操作的好处。

（4）在开始走中期上涨的波段中，专注于DIF与DEA两条均线做死亡交叉后有做止跌，都是拉回的加码点。从图7-15中可以清楚看到，连续两次DIF与DEA做死亡交叉后都见低点。这就是先了解股价波动原理后，再去了解指标的来源与假设，便可以利用指标的特性与盲点作为我们买卖点的依据。

（5）达到目标测量的2倍幅之后，开始做大幅的修正。所以注意DIF短均与零轴做死亡交叉是否有做止跌的现象，后连续两次都有在DIF短均与零轴做死亡交叉后见相对低点。指标是一体两面，只要把障碍变成机会，就会再次提升对指标的境界了。

2903 远百

（1）于2007年8月15日股价跌破末升低后，若是股价要维持空头趋势方向，前高价位就不应该再次越过，且柱状体在与零轴形成黄金交叉时，股价应该会遇到解套卖压而上涨无力才是。空头走势中，高点应该越来越低，反弹不应有续涨的走势出现才合理（图7-16）。

（2）于2007年8月24日柱状体再次与零轴形成黄金交叉后，在空头走势下应为逃命卖点才是。可是，其股价非但没有跌破附近低点，还续涨挑战前高。这里我们就要思考前波杀破末升低只是主力洗盘的手法，此股将会有另一波行情即将发动。

图 7－16

（3）既然股价已经突破前高，符合多头股价波动原理中高点越来越高的特性，接下来便是如果在股价适当拉回时，再次买进多方持有，这种寻找短线上切入点的方式，只有利用柱状体间的比较才能够达成。

（4）我们已经知道柱状体与零轴形成黄金交叉，可视为短线攻击发起的切入点，但是在更强的上涨行情中，柱状体不容易在跌破零轴后再与之黄金交叉，这时必须直接观察柱状体间的强弱变化，当柱状体缩头再扩张时，就是极短线的切入时机了。

八、多头趋势的碎步儿盘坚短线来回

5347 世界

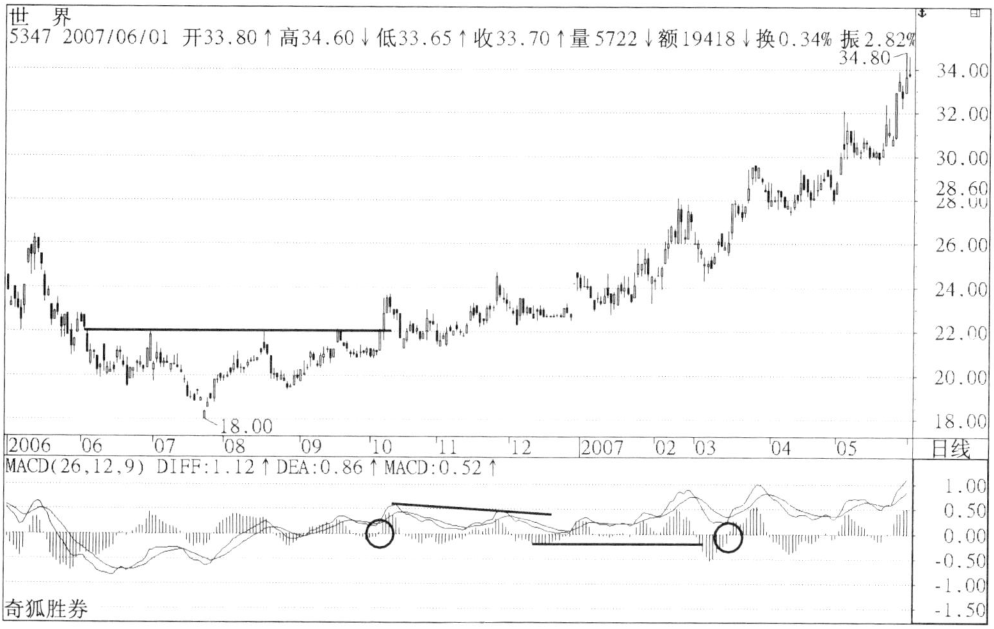

图 7－17

（1）于 2006 年 10 月 11 日股价突破头肩底颈压力区后，股价没有连续上涨走势只有温和盘坚，股价一突破高点就做拉回整理，数日没有什么涨跌。没有耐心的投资者很容易被行情磨疯，这时只有静下心来，利用指标做依据抓买卖点，来回做些价差，弥补盘涨带给我们的空虚（图 7－17）。

（2）于 2006 年 11 月 27 日股价创新高，柱状体的力道却已经露出背离败象，只是股价没续涨扭转不利形态，拉回只是做它应该做的事罢了。当然，朋友们要在出现背离败象时，做出反应卖出持股或调节仓位。

（3）于2007年3月6日股价做短期修正下跌，此时形成DIF跌破前低股价却没有破，如果指标信号正确，那么股价应该随后要跌破前低价位才是，显然它在此价位附近便已经持续守稳。这时我们应该注意接下来柱状体与零轴形成黄金交叉时，股价是否有续涨走势，做出转折低点与短线再攻击的买点。

附　录

一、实战演练——推演每日大盘走势

二、投资三部曲

三、投资的第一步要做什么？

四、一起向诸葛亮学习十堂课

五、期货与股票操作逻辑不太相同

六、相信系统、排除杂音去交易才会成功

一、实战演练——推演每日大盘走势

每种指标都有优缺点，如何整合成一套适合自己的操作模式，就必须不断学习、练习。

大多数人学了技术分析却常常无法运用自如，现将曾在网站上发表的从 8013～9807 点这段走势的文章做重点整理，希望能帮助读者更快了解如何推演盘势（附图 1）。

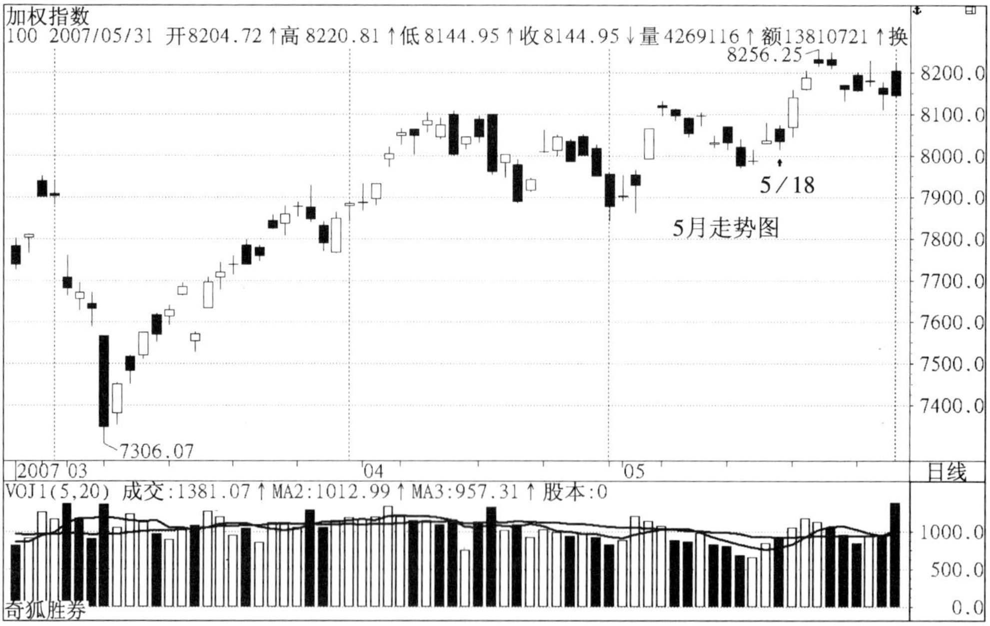

附图 1

2007年5月18日17：17

大盘下周开始暖身，5月底绝地大反攻

本周在大家都害怕“5.20”时，量能都急缩了，于周三出现止跌信号，周四日出表态后，确认短底出现。今日12：30附近期指先做最后一波的洗盘动作后，尾盘拉升约60点。若各位朋友本周继续阅读我的文章，一定知道我们用60分钟K线预测先下后再做往上拉升的动作，从技术面下降轨道理论还要先杀一波后，再做反弹。然而，反弹过下降压力线还会做一次下洗动作。从心理面也是如此规划，因为“5.20”演说的因素，要卖股票一定是上半周，所以先下跌，等卖完后，瞬间没有卖压会先反弹，于周五清洗短线浮筹后，再做拉升动作，这是上周的想法与规划，即实战技巧与大家分享。从周线扣抵值知道会有一次再推挤的力量，这里是值得一试多单的。

做股票与期货是有方法与技巧的，没有新思维与新见解，很难在股市永远生存。

2007年5月21日13：32

量能黄金交叉后，是见高点还是波段起涨呢？

若5月份再收阳，就要怀疑“5穷6绝”的条件消失，是否会跟4年前总统选举的那一波行情一样，涨到明年3月呢？

现在MV5扣抵值低，所以只要一出量就可以跟MV20做黄金交叉，之前一交叉就见高点，此次我认为喷出机会大，所以明日或不大拉回，可以买选择权，赌到8300手，此次要拉回也要等KD>80再说。

明日应该小阴小阳，只要空抵失败，小心8200～8400点约有15万手的卖方会被轧到回补。不可忽视这股回补力量，

以小搏大正是此时，平日看看就好，该行动时就要下单。

2007 年 5 月 23 日 21：41

大盘回不回就看这档

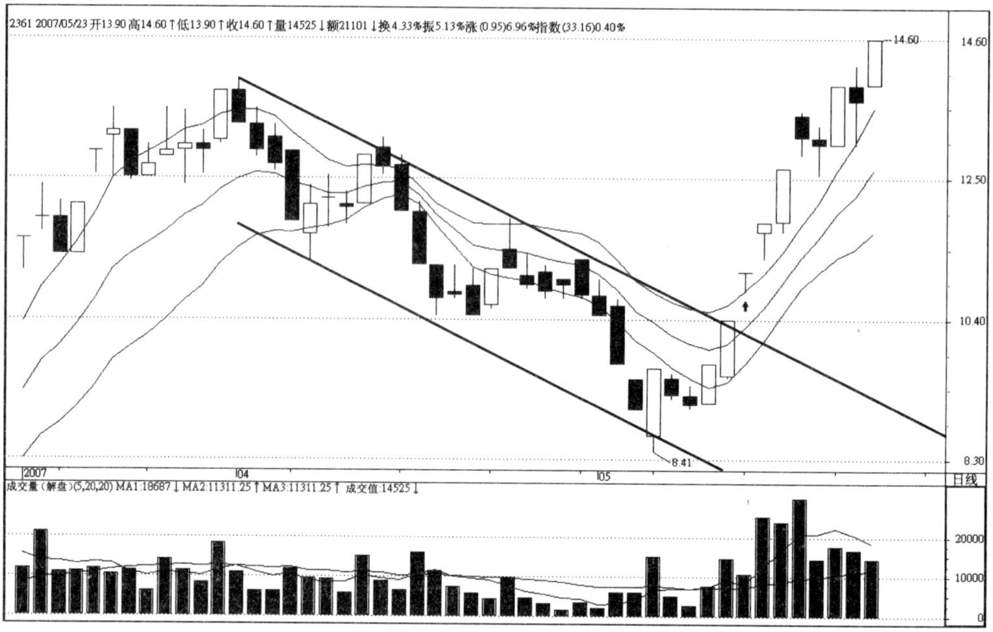

附图 2

这档做两次一日洗盘，主力在里面很深（附图 2）。

这档跟大盘形态很像，大盘 60 分钟 K 线突破下降旗形后做拉升。此档也是。

此档为低价股的指标股，由于线形站上轧空线后，一直沿着轧空线做拉升，因此除非此个股做喷出或者做头部大盘，才有机会做头而下。因为低价股或投机股喷出代表太热，若做头部则因为线形类似，所以大盘也会做头部。这只是我的猜测想法，听听就好。

重点是量能没有暴出 1600 亿以上且持续出现，就不会见高点。

想想，假如您们都没有买，主力要倒货给谁呢？

2007 年 5 月 25 日 16：44：02

周一不补下跳缺口，两日岛状反转将逐渐形成

附图 3

由于量能黄金交叉后，高点没有续创新高，连续两天日落线，多头趋势逐渐转弱，今日大跌之后，周一会有反弹机会，若迟迟不补缺口，MA5 均线将形成盖头反压，这些观念于前几天的文章都有提及（附图 3）。

在股市中，乐观之余，还需小心谨慎，多想好几步才行。这道理就如下棋，要知道对手会下哪些步数后，才能想出作战策略。投资路上——尤其是操作期指，做好作战计划是很重要的一环。

由于连续几天都开三点高盘后，短线力道用尽，并且于满足点处用金融拉指数，因此令人不得不怀疑有短线出货的

情况。周三在6230点附近，文章中有暗示满足点已到不宜再追，这些都是战术与战略的灵活应用。

周一不补上跳缺口，便可视为另一个箱体的区间震荡，上攻没有连续性，下跌也没有连续性，这就是箱体的表态。箱体越垫越高，慢慢推升，等到关键时刻，用喷出走势做最后出货的结束。这种看法与形态，可参考4年前总统选举时的走势，就可以概估一二。下棋要研究棋谱，做期货或股票当然要研究历史线形。以上分享请参考。

2007年5月28日19：57

台指周线8118点没收破前，周线续轧空

每次日KD>80都见高点，所以只有盘坚之行情，想要轧空除非量能再出，目前期指由操盘系统告知，大区间整理8221~8095点，小区间整理8134~8182点。今天日KD做死亡交叉，明日急杀可做买进，应该是下跌第5波，至少还有a-b-c的反弹。

由日线可看出：多空线与RSI的上升趋势线为下次拉回的支撑，注意下次量能死亡交叉是否有最佳买点。

2007年5月30日15：39

明天不强力反弹，平行上升轨道危矣！

今日台指快速开低之后，跌破台指这几天的观察点8158，在大盘未开盘前做股票与期货者，就需注意了，一转弱就会急杀，因为有人知道利空消息先出脱与避险了。

今日量能死亡交叉，之前曾提及量能黄金交叉见高点，此次量能死亡交叉要见低点，否则向下修正开始启动，至少先看箱体的底部再说。

10日线由低扣抵高值再度进入该表态的时机，不进则退

的戏码又出现，明日不抢弹，多头修正从 A－B－C（今天是日线下跌 C 波）变成 1－2－3－4－5。

周线已经有头部背离的危险，且本周有机会做死亡交叉，所以下周应该要见低点，下周低点再破，则波段大修正将启动。

除权除息又开始，所以逆价差将逐渐扩大，先往下打的机会是有的。再加上港股最近利空不断，需观察港股是否 3 天内做止跌，因为他们很少人用融资，所以应该不会跌太惨，否则就是有动作快的投资者开始分批在出逃，这对台股多少会有一些影响。

2007 年 5 月 31 日 22：11

拉回月线做止跌，行情续涨居多

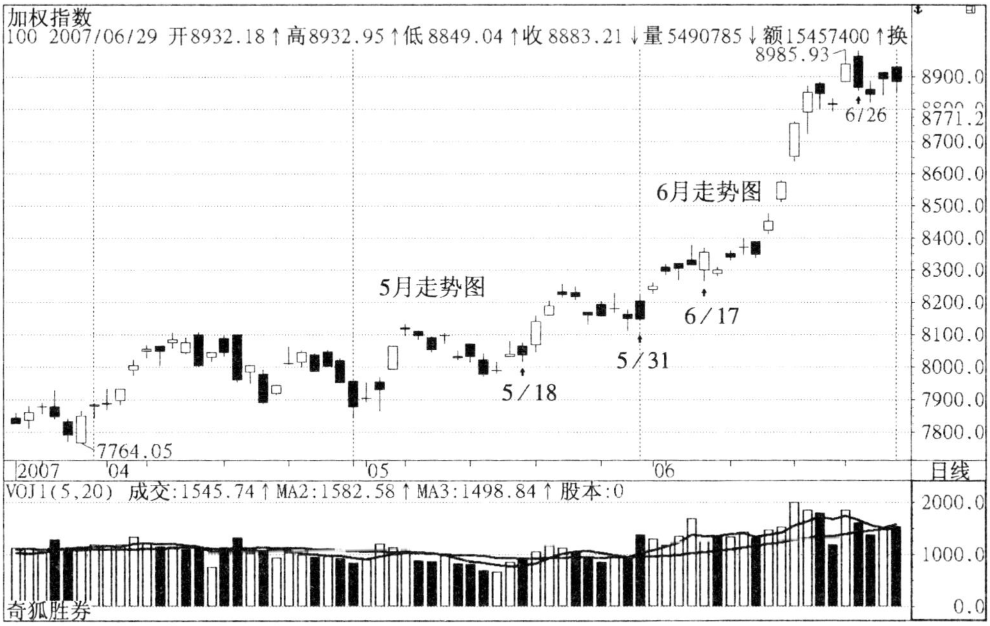

附图 4

今日尾盘下杀60点，造成今天早盘买进者套牢，所以明日除非量缩拉回打第二只脚，否则小心有心人趁尾盘故意倒货（附图4）。

昨日低点不宜续跌破，守住月均线，有机会形成高档震荡缓步走高，注意KD < 50的量缩止跌的买点，今天收5月月线为中阳格局，因此没有“5穷6绝”就有机会大反攻；明日周KD有机会做死亡交叉，下周低点不宜再跌破，以免6月补涨希望落空。

明日大盘收在8127点之上，周线就有机会续涨，高点应在中秋前后。

2007年6月1日22：19

日、周、月皆在轧空线上，6月续轧空吗？

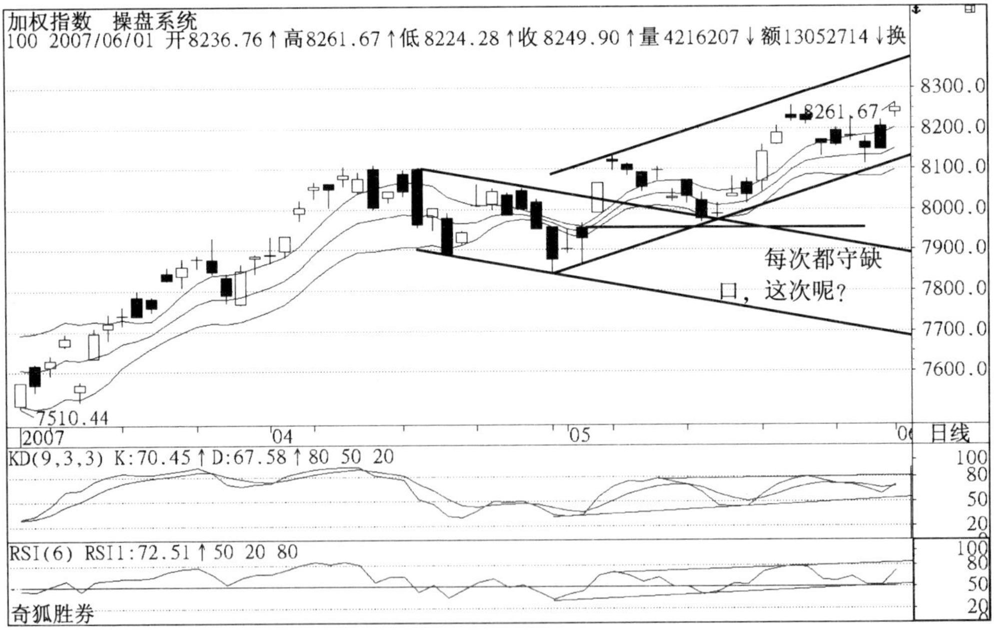

附图5

从4~5月先规划向下平行轨道，再规划向上平行轨道，大致行情都在掌握之中，操盘系统也都能把盘坚或盘跌的高低点找到，5分钟K线更不用说了（附图5）。

RSI也是沿上升轨道游走，KD则是沿收敛三角形做整理。指标好用之处在于，它会告诉您止涨或续涨，也会告诉您止跌或续跌，当然这是有技巧的。趋势之中，最重要是多头为低点，越垫越高，所以两高之间的低点没破便只有做多一途，就算错也只错最后一次。

今日KD黄金交叉又收长阳，所以周一应该小阴小阳居多，预计逢拉回做止跌就做多，目标先看8288~8350点。6月应该先涨后跌居多，因为要除权除息，所以先拉高后除权，比较不会跌破重要点位。

2007年6月5日14：51

6月5日周四需再过高点，否则堆箱逐渐堆高行情

今日大盘为下跌A-B-C修正，所以在A、C等浪处，要留意瞬间力道用尽的现象，这在期货切磋讨论中会说明此现象。B势走规律的a-b-c-d-e五波修正形态。期货指数则走下降平行轨道的盘跌走势，也就是破底就会反弹，所以不可急杀。盘跌或盘坚会见到几个低点或高点，此于切磋讨论中也有讲过，与大盘结合就可以抓到相对低点。当然，用测量方法也可以测量到下跌极限要开始反弹的点位，约在8222点附近。

今日量能与前几日的量能都是1342.64，会不会太巧合？每次KD接近80就做止涨，今日收阴子母线，有机会成为变盘的征兆，若为中继再涨呢？明日第一波下杀开始切入期货指数多单，若两日之内无法再过高，则确认为堆箱逐渐堆高行情。只要量能不要继续暴增，即可看到8400~8600点

之间。

目前走类似上升楔形或平行轨道之形态，所以注意高点约为3~4个，便会有较大的修正，所以做多以“拉回做多不追高”为宜（附图6）。

附图6

2007年6月7日16：41

6月7日大盘KD轧空3日，目标再看8438点

今日在昨日预估下跌满足点之处，做止跌反弹，过平盘之后理应拉回，结果该回不回，造就谷峰对照轧1倍的形态。

昨日于KD>80之后，做空头抵抗；今日先拉回再上，形成轧空3日的第一日，所以下周一为大关键，再不拉回，6月收大阳线的机会就大增。日、周、月同时轧空之局面难得一见，因此要把握机会，以免中秋见高点之后才疯狂追高，这是无法逃脱散户的命运。

今日为破低之后的法人盘的一种，有上过课的朋友应该不陌生，趋势没变之前，只有逢低买或加码、减码的问题，请不要随便放空。

2007 年 6 月 11 日 21：32

6 月 12 日大盘今天又站上轧空线，不收破 8300 点继续轧空

周五 KD < 80 做多头抵抗线，收母子线，今日开高收上我的轧空线，所以明天为关键，若能续涨则 8438 目标点会见到，否则先回测 8300。

今日为强一高弱双星格局，所以破 8339 点的低点有做弱势反弹，明日不宜开低，否则必测 8300 点位已经轧空 3 日，需注意是否为收敛三角形要做变盘的动作，因为日线为母子 K 线。

附图 7

2007年6月13日21：07

6月13日大盘3日内不续攻，则拉回修正压力大

今日在5分钟K线做下跌a－b－c等浪后，又做急拉升，请各位看60钟K线分画大小两个上升平行轨道，可以发现短线有转弱迹象，但是较长线依然在上升趋势线之上（附图7、附图8）。

明日不宜追高，但是接近缺口8300点附近可以做买进的动作，由5日扣抵来看，3日之内将有变盘的机会，如果该涨不涨，有机会做修正。

今日KD做死亡交叉，今明两日低点不宜再跌破后续跌，否则修正行情启动。由于连续4日假期，所以卖压将于明日尾盘到周五早盘告一段落，因此注意拉回再补货的买点。

附图8

2007 年 6 月 14 日 11：56

趋势没变之前，只有逢低买或加码、减码的问题，请不要随便放空。这就是顺势操作的方式，除非该涨不涨，否则多头一定会沿着原趋势而走。

2007 年 6 月 14 日 18：21

6 月 14 日季底大做账已启动，选对股跟上主力轿

今日为母子过之后的满足 1 倍测幅，因此明日会做空头抵抗，守住 8346 点目标，先看 8548 ~ 8688 点之间，这将成为季底作战之开始。由于已经上涨较多，所以除了汰弱留强外，可以逢高出脱涨多股票的，开始留意刚发动的股票，这为季底做账好防守的股票。

注意大盘日线于 6 月 6 ~ 13 日，连续两次做一日洗盘动作，因此守住洗盘低点，续抱即可。这将往 8548 ~ 8688 点续看。

选择权这次确实做轧法人卖方的单子，这证明日、周、月在轧空线上的威力是不可忽视的。另外，有远见的赢家是需要跟随的。

由于 1680 亿已告知一路跟就会发，因此没有出现比 1680 亿大的量能，都不需要害怕高点，因为 1680 亿已成为换手量，所以目标 8688 点是基本消费数字。端午节变盘说还是不要听比较好，还是中秋节见高点比较实在一点儿吧。

2007 年 6 月 20 日 17：11

6 月 20 日大盘月线主升段喷出，留意买力瞬断拉回

首先恭喜有买选择权与期货多单的朋友，在这次战役中，至少没有做空单以致遭受断头的命运。“有钱人跟您想的不一样”，好的事情与坏的事情，其能量是会传递的，也就是说，若您周围都是举棋不定的投资朋友，您就会被他们的杂音所

影响。若您周围都是很会赚钱的股市高手，您就会逐渐变成有钱人的头脑。因此，从小被教导的投资理财观念有必要做适当的调整，至少跟着赢家的脚步一定不会错。

目标点 8688～8800 点今日已经到来，用月线看波浪和做平行轨道的测量，预估下次高点在 9000～9200 附近，除非明日不大拉回，就会直指 9000～9200 点，否则应该要注意买力竭尽、瞬间拉回的可能性。乖离很大是主升段的走法，所以往后必定会有高点，因为至少长线都没有背离的现象。

主升过后，必定至少还有一波上涨，所以趁拉回做买进，不应该在接近满足点附近才跳进去追，今日就有此现象。赢家的思维与操盘秘技，文章中隐约可以看出一些端倪，但只知其一，不知其二，不会举一反三是看文章的短浅，所以欢迎大家能够有缘一起切磋讨论与研究。

修正乖离有两种：一种是快速拉回，一种是横盘几日后让指标变低一点。所以策略为逢低拉回做止跌就买一些，因为行情不会因为一日见 2000 亿就见高点反转，头部都没出来，不需预测立场，顺势而为，顶多只错最后一次。

2007 年 6 月 21 日 20：25

KD 轧空轧死人拉回续做多，再不回头要轧到哪儿？

今日拉高结算后，依然下杀一波后做拉升，所以守住今日低点不会有大拉回的现象，若再续涨，昨日 2000 亿将成为换手量，那目标又更远……，等下次再说。

若续涨下次 K 值见 94.8 才会有机会大拉回，短线乖离过大，所以拉回会很快、幅度也会很大，像今日尾盘杀 100 多点。9000～9200 点为分批减码点，因为季底做账后，买力瞬断拉回机会增大，只要很快急杀 100 点以上，可以考虑试短当冲单，只要很快急杀 200 点以上，可以考虑试小波段单，所以此时策略运用是很重要的。

2007 年 6 月 23 日 15：10

6 月 23 日看似一日洗盘量能急缩，下周一为最佳买点吗?

昨日收母子线，今日量缩破子低，下周一为接近操盘系统轧空线的试单点，今日为高档爆量后即缩的防守点，所以最坏周一见低点应该做止跌。又 KD 有机会在死亡交叉后做拉回修正的买点，预估摩根台湾指数结算与季底做账有机会再拉一次，由于股价与 MA5 乖离过大，预估最慢周二会发动攻击。

大家越小心行情越大，若太乐观时再来担心也不迟。6 ~ 7月初应该先见一个高点后拉回做修正，9 月会见另一个高点居多，多头行情从年线看都是这样的长相。

在 200 亿大量 K 线的低点未收破之前，没有短线的套牢，因此赢家的思考模式只有做多与减码一途，没有放空的选项。不论在投资或拜师求艺的路上，有失才有得，太斤斤计较反而成就较小。往下空间约在 8750 点附近，往上空间有到9000 ~ 9200点的机会，所以若真的往下，其实是很好防守且损失不大。

在这里很庆幸点醒了几位朋友，让他们少赔之外也可以开始获利与除去心魔。所谓千金难买早知道，遇到很多朋友赔个上百万、上千万，想在市场上自己学经验的，代价真的很大，言尽于此，有缘自然会听得懂。

2007 年 6 月 24 日 22：02

赚了指数却赔了个股之迷失启发

最近很多人手上若没持有指标股或权值股，都会发现大盘大涨 400 ~ 500 点，个股却不涨甚至反跌，但是一卖掉想追飙股，它却又开始上涨。

因此，在大多头的行情中，只要有题材与业绩的个股，迟早会轮到它涨，但是您要忍受大盘涨很多，它却不涨的窘态。所以若要增加绩效，就要配合期货选择权或买台股50等权值股，作为补足绩效的工具。

大环境在改变，大多头与大空头有多少人经历过姑且不说，但是要有新思维与远见，才是股市长期获利的赢家。

2007年6月26日22：17

恰似一日洗盘，明日又可以低接吗？

昨日期指5分钟KD有头部背离现象，下杀之后每次反弹都无力，所以可判断往下修正概率大，由于日线一参二过……，所以上过课者应该知道今日震荡概率大。期指今日收盘刚好碰到我的轧空线，所以明日第一波下杀可注意止跌的买点，由于此次KD都是往下，所以助跌力道逐渐增强，不宜追高只能逢低接。

台指8760点不宜跌破，否则小头部出现多修正几天很正常，注意MA5开始扣抵高值，有机会止涨后修正，所以明日接近8760点可以低接，但是反弹过不了8858点，就要小心台指日线的母子破往下的威力，可达8676~8605点。

乐观中要谨慎，手中有法人持股高的个股可以开始逢高出脱，做账完后会怎么样大家应该都不陌生，祝大家操盘顺心如意！

2007年6月27日22：51

6月27日大盘明日不强弹，逢高出台湾50成分股

今日台指破末升低8760点，大盘还未破，所以明日应该快速强弹，否则先出脱高权值股票与三大法人持股高且

涨超多的做账股。越接近 6 月底，越要把涨很多的法人做账股出脱，去买中概股或第二线中小型股票，做期指小心弱势反弹过后再往 8676～8605 点。MA5 扣抵高值果然在 8858 点附近预压拉回。明日再续跌，预估低点在 KD＜50 时才有机会做止跌反弹较大。目前操盘系统的多空线在 8688 点附近，这里为第一个下跌满足点，若不止跌就要见 8605 点附近（附图 9）！

60 分钟的 KD＜20，明日不宜再杀，否则明日下半场才有机会做止跌，开始注意下波主流类股与拉回第二段再度拉升的买点，短线以往下修正为主。长线先看往下修正 a－b－c 后注意另一波的起涨，昨日上升楔形为第五波的现象，所以现在应该为往下修正 a 波。

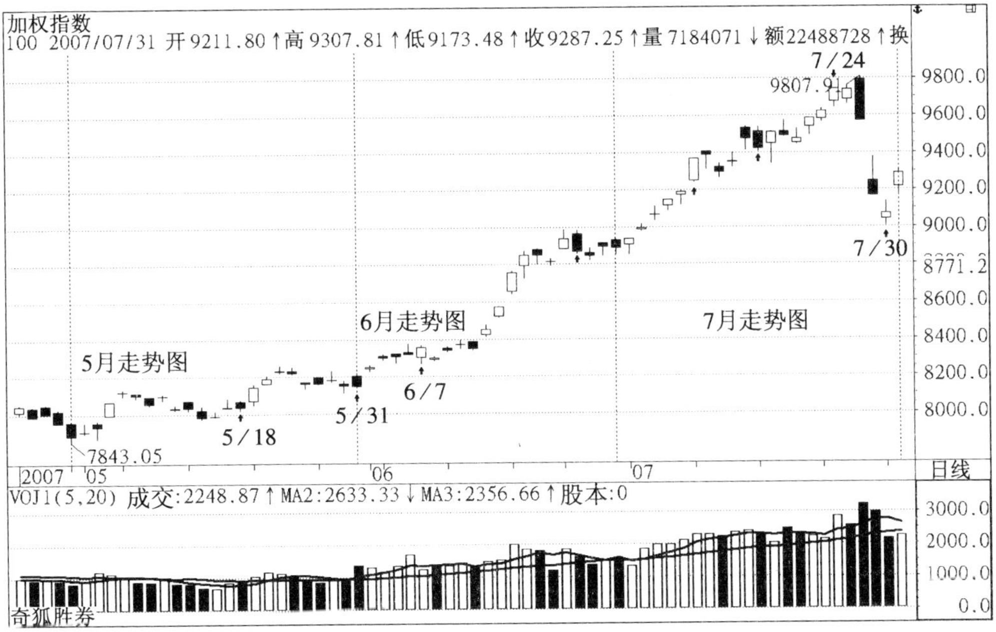

附图 9

2007年7月2日16：27

周线高档十字，还是中继再涨？

本周大盘周线收大十字线，预估下周二有机会拉回之买点，还有一波之机会。日KD今日破80，周一有机会做多头抵抗，预计周四有机会大涨，这些只是下周规划之一。

另外，若续跌目标在8757～8675点之间，目前规划还有一只脚就有最佳的买点。还有下周不止跌，注意KD＜50的好买点，现在策略是卖权值股买二线小型股或中概股与资产股。

今日台指收子母线，所以8888点为上档压力，破子母线需注意是否有追杀力道，若无就是最好买点。

中长线依然看好到万点，中间的小震荡仍可以当冲，关键点是要学到精要与正确观念。

2007年7月2日16：28

7月2日大盘除非均线扣抵失败才有机会做头，否则只有做多一途

今日5日K线又往上做助涨，MA10目前还在推挤中，因此只能涨不能再跌，只有续跌才会有机会从上涨转成盘整。否则期待另一波的起涨，准备布局。

试想，若上周是中继十字，周一和周二应该就是相对最低，否则若要下跌，周线应该收大阴线最好；那么周二以后都应该是往下居多，因此明日为关键日，应该要再续攻，往9000点迈进。

从量能来看，头部应该要爆量不涨，但是出量到2000亿以后却不是此现象，所以此处非高点。再者，量缩后不可5～10日以上都是1500亿以下，这样才有量能退潮的可能。否则随时都有底部越垫越高的走势。另外，末升低未破之前，多

头低点依然越来越高，所以不要自己吓自己。

2007 年 7 月 6 日 06：59

用量能与虚高控盘即可

月线主升段 10 年才会一次，不用预设高点，但是没有单子的人也不要追了。

附图 10

2007 年 7 月 6 日 09：46

听说大多头都用盘中行进间换手，一直推升往上，只是今日早盘量能有点儿大，看是否尾盘会缩小。今日以上下扫止损单点反转概率最大，动作反应快者很好冲（附图 10）。

2007 年 7 月 6 日 11：58

指标背离有可能是中继或是做头，所以并非观察重点，否则这次上涨沿路都有很多次背离现象。有一种现象会比 K

线更快，即高点就是买力不济所造成的，也就是该买的都买进去了，瞬间没有买盘就会直下，这时要用其他数据去观察。

2007 年 7 月 7 日 22：53

万点行情大规划

甘道夫（Gandalf of White）有一句很棒的名言："我们无法选择所处的时代，我们能做的，是决定如何生存于我们被赋予的时代!"

在目前社会条件下，如何生存于我们被赋予的股市才是赚钱的目的。当局每周一利多政策，告诉我们想要拉回很深再进场已经不太可能了，在盘中大震荡换手才是比较有效的上涨模式，确实上周就是如此。

下周美国第二季财报将公布，依照全世界都是多头的气氛，应该不会太差；今年南韩总统选举，您看股市上涨角度就是不一样；今年年底我们立委选举、明年总统选举，再加上明年美国也是总统选举，还有大陆 2008 年举办奥运，全世界只有上涨一途。

因此，未来只要有题材的股票一定会上涨，现在就是持股需要高仓位的时候。试想，要如何做才会让人民觉得很景气?

赢家是专注于机会，好好把握下半年到明年过年前，最能快速轻松赚钱的机会。依照月线的规划，我们利用三段可能走主升段的波浪来规划可能的高点。另外，用年线来告诉大家，上次从 12682 点下跌到 2485 点，反弹到 2/3 之处就收上影线拉回。这次是从 10393 点下跌到 3411 点后，反弹已经过 2/3 之处还不回头，所以若规划大 A－B－C 反弹，至少也有机会看到 11318 点附近。在此暗示大家要积极规划投资资金于此波赚到大钱。如何生存于我们被赋予的股市才是赚钱的目的。

附图 11

重点是我们如何配合现在所处的股市从中获取利润与策略罢了。假设主力布局完成，要如何不让自己套牢？只有一口气快速脱离主力的成本区，让大家一定要买得比他高，这样他才有可能赚钱与出货。所以8800点以下除非有大利空，不然不易见到。所以，策略可以是分批进场与有短套长大赚的，有所失才会有所得的心态。如何生存于我们被赋予的股市才是赚钱的目的。

2000亿将成为常态，应该等有2500亿～3000亿经常看到才有机会见高点吧？真担心这次又玩轧空期指结算的把戏，让散户与做空者受伤惨重，请各位朋友务必注意与提高警觉（附图11）。

2007 年 7 月 9 日 17：30

7 月 9 日大盘今日是换手量还是出货量?

做股票与期货就是要站在制高点观看全世界的经济脉动，有了大方向再去看技术分析的意义，这样才不会被周围的杂音所干扰。

之前的2000 亿于今日有人把筹码释出一些了，但是往后我们会经常看到2000 亿以上的大量，所以今日的低点没破之前，先视为换手量。为何可以大胆假设为换手量呢？因为全世界都在多头的状态下，除非做一个大级别的头部，不然就是暴了天量不涨，否则这区区 2200 亿左右的量，只是更大资金的进驻所造成的。

依照万点行情大规划里面的目标，现在离高点还有2000 ~ 3000 点以上的空间，所以做期货与股票者不需要自己画地自限。为何石油大涨，有些能源股却还在打底？这告诉我们，很多我们担心的事情其实是被有心人控制在可接受的范围内，因此看透机会在哪里、大户的心态是什么才是这波会赚钱的关键，不好好改变想法与心态，讲再多技术分析也是无益的。

最简单的 3 ~ 5 日均线都没有跌破之前，何惧之有？一直想着做头摸顶，对操作有何意义呢？希望大家三思。

2007 年 7 月 11 日 15：43

6 月 11 日大盘委卖张数突然放大，是谁在偷卖股票?

依照高档气势开盘当日又连拉之下，容易于 3 日内力道用尽见高点，又于警示量（2160 亿）出现后隔日，买盘突然缩量，告诉我们这里有人缩手观望。再加上今日卖盘大增，暗示有人在卖股票，今日冲高通常会有大压力，正常于明日才有机会做止跌。

今日跌破 5 日均线再加上 KD 死叉明日容易缩量做止跌，

因此于明日有机会做买多单的机会！连续放量不涨，有机会做第四波的修正，因此逢拉回做止跌才可以进去买多单。往后在过高点后约在 9500±100 点的范围内，需注意会有更长与更大的修正拉回，因此对于仓位的配置要有所减少，切勿因为低档没买于相对高档加码太多而让损失扩大。

投资的真意是要让自己生活无匮乏、改善自己的生活，所以赚钱仓位需提拨一部分作为犒赏自己与家人的基金，若投资很辛苦却又赚不到钱，一天到晚都要盯盘，那就失去投资的目的与意义了。若您游刃有余，也可以提拨一部分作为慈善基金，助人又可种福田，何乐而不为？想要从投资中多赚一份薪水让自己生活过好一点儿，是有方法与机会的，若想做股神或期货天王，那就要看自己的命了。无论如何，生活是靠自己规划与决定的，只要乐观进取、用对方法，该来的一定会来。

有机会可看《死亡笔记本》，会让各位朋友有一些心得与见解。

2007 年 7 月 12 日 12：42

抓对时机与脚步，就不会每天怀疑大盘是要涨还是要拉回了。阅读《死亡笔记本》的心得是，有一点儿观念的偏差再加上太主观时，就会越陷越深、不能自拔，无论任何行业、任何事情都是如此。虽然我对于行情的发动点与变盘点都抓得很不错，但是资金管控与执行力却是我不敢忽略、战战兢兢经营着。做判断与解盘要有自信且大胆假设，但操作时要谦卑，这是不同的思考逻辑，提供给看我文章的读者。有些误解仍需矫正，否则学了我的自信之后，却在高档重压，反而害了大家，请大家明鉴与修正错误示范。

2007年7月12日15：56

7月12日大盘又见13日星期五，多空明日换谁要小心？

前一日规划要对今日应该为多头拉回做止跌的试单点。早上跳空往上，就知道至少有机会成为母子线，与预期相同就要开始试单。大盘开盘之后，前一日的大卖压又突然不见了，这告诉我们只要过末跌高后再不拉回，就会往上轧1倍，结果尾盘于过1倍幅后，做拉回之修正。

今日大盘开强一高气势盘，结果早盘低顿点跌破就转成高档震荡居多，这是开盘法好用之处。既然高档震荡，不可以过高才追破低就空，这样做就会腹背受敌。任何技术分析只要知道六大盘态的真意与指标的正确用法，就可以有判断趋势行情的能力，再加上盘中的修正与检讨，必能日益进步。

学习技术分析的意义是要能够轻松灵活运用，并利用其胜率高而赚钱。以明日来说，如早上冲高可以先放空，有周末卖压，拉回守住今日大阳线的高低振幅的1/3～1/2处，注意回补点与买点，若周五无法创新高且大阳线，就要注意转成盘整的概率将大增了。此时就要汰弱留强，并注意在底部打底即将完成的下波主流股，这将是另一次赚钱的机会。

大盘最近这一波是量滚量轧空盘，所以量一缩容易大拉回——之前文章已经讲过，2000亿将成为常态量，连续5日以上都是2000多亿，这里可视为攻万点之前的大换手区，只要末升低没破会多头趋势就不会改变。

2007年7月16日22：17

7月16日大盘纵然美股大跌，明日依然为低接的好买点吗？

台指9318～9286点为好买点，注意日KD＜80是否有止跌的机会。依照计划进行，附图12中画水平线为压力带，注意反弹力道。

今日日线确实如预计收日落线，希望明日会有好的买点。周三到周四可以拉高结算，不对劲时我会再告知大家。

附图 12

隔日如预期，走势出现落底反弹收中长阳线

2007 年 7 月 15 日 18：46

7 月 16 日大盘下周结算前规划

本周五又出现相对大量，所以周一应该会有空头抵抗，会拉回以收小阴小阳为主。短线若有做头的疑虑，就是往后下跌时末升低（9263 加权 9314 期货）被跌破后，反弹无力，再下杀才有机会，除非发生，不然只有做多一途。

所以，若周一有跌破（9411 加权 9415 期货）的时候，快则周二、慢则周三，早盘就有机会，又是一次财富大分配的时候。也就是预估周二会有一个低点可供大家买选择权（9300～9400点），预定会往9500点之上迈进。但是，记得选择权是用5%左右的总资金去玩以小搏大的游戏，切勿全压。

当然，可以布局选择权也可以买台指与台湾50作为拉高结算的布局，于周三拉到周四9：15后，就要小心该买的都买了，买力会瞬段急速拉回的布空点，于瞬间会有利可图。所以，周一最好做日落线，周二上下洗盘后开始做拉升动作，到周四早上见到高点后往下修正，至于周五等前面都实现后再规划。

留意日KD<80做止跌的低点出现后，做拉高结算的布局，若不幸末升低（9263加权9314期货）被跌破后反弹无力之际，再做解套即可！以上提供大盘下周结算前的规划，注意逆价差会大幅收敛多赚的部分的机会。

专注于机会，摆脱专注于障碍，您就会变成赢家。与大家共勉之。

2007年7月20日00：02

7月19日台指60分钟K线头部背离两次，这次是真的吗？

从台指的上升平行轨道越来越弱势，再加上MA12扣抵高值与KD头部背离的情况下，不宜再追高。明日早盘卖压会较重，纵使美股大涨也会先拉回，所以不宜追高杀低。接近末升低9323点可以酌量承接，反弹无力再出（附图13）。

附图 13

2007 年 7 月 20 日 21：14

7 月 20 日大盘摩根台湾指数结算直指 9888 点？

日 KD 再度黄金交叉，周一不大跌，只好于第一次拉回做多，摩根台湾指数拉高结算直指 9888 点。由于月线主升段为几十年难得一见，该回不回、先上万点才有机会让大家共襄盛举，之后才会有大修正的行情，否则只有追买或拉回就买，宁愿设好止损短套，后面必有大赚的心理才值得下手。

量能迟迟没有暴出 2800 亿～3000 亿的大量不用怕大户出脱持股，要专注于每次拉回的机会与赢家的思维、远见，就会有胆量下多单（附图 14、附图 15）。

记住，当局每周一利多的效应，就是于选举前直接拉过 12682 点创新高，也就是任何利空都只是拉回的好买点。还有，除非有大利多让大家乐观看到 20000 点以上，那时候才有做头的机会，所以不要太画地自限。

加权指数
100 2007/07/20 开8903.77↑高9585.90↑低8849.35↑收9585.90↑量116773176↑额321362784↑换0.00% 振8.29% 涨(702.69)7.91% 指数(702.69)7.91%
10588.50
10009.70
10393.59
3411.68
161.8% 10603.69
100.0% 8562.69
61.8% 7301.10
38.2% 6521.69
-57.2%
0.0% 5260.10
200.0% 10679.21
161.8% 9830.59
100.0% 8457.70
-55.7%
0.0% 6236.18
200.0% 10836.52
161.8% 10164.18
100.0% 9076.47
0.0% 7316.42
10895
(80.9%)
8228
(61.8%)
7404
6580
(38.2%)
5246
(19.1%)
3913
己卯
庚辰
辛巳
壬午
癸未
甲申
乙酉
丙戌
丁亥
戊子
己丑
庚寅
月线

附图 14

台当月
FITX1 2007/07/20 开9545↑高9545 低9545↑收9545↑量1109↓仓56474↑增+2316 振0.00% 涨
100.0% 9543.00
200.0% 9504.00
61.8% 9500.98
100.0% 9458.00
-39.1%
-21.0%
9545
9363
9540
9530
9520
9510
9500
9490
9480
9470
9460
9450
9440
9430
9420
9410
9400
9390
9380
9370
奇狐胜券/18
07/20
15分钟

附图 15

2007 年 7 月 23 日 20：52

7 月 23 日实战 K 线讲解

今日为缩小浪就拉回，故以明日是否可以攻过 9620 点来看上涨力道。没过先拉回小修正（附图 16）。

附图 16

2007 年 7 月 24 日 21：46

7 月 24 日大盘终于出现 2800 亿以上的大量，短线出货还是做头呢？

大盘 9698 点没破续轧空，9621 点缺口不补摩根台湾指数续拉高结算。短线有人有出脱的嫌疑。请查明外资今年买了多少，要出货至少也要有 1～2 个月的头部吧？

所以赢家专注于机会，坚定趋势不变就只有拉回买多单或追多单两种，目前越接近 9888 点越不要去追多单，否则会有短套后，受不了卖出就涨之窘态。比如今日的期货，若受不了去追高，尾盘的上下大震荡就会被洗出场了。

今晚若美股大跌，将是今日未上车者的另一次机会，于接近 9698 ~ 9621 点之间可以酌量买进，设好止损将会心安而后赚钱。

2007 年 7 月 26 日 21：08

7 月 26 日大盘高档暴量贯穿，逢高出脱权值股

今日大盘为弱一高盘，跌破颈线后一波到平盘反弹到颈线附近再弯头就要小心杀到尾盘，这就是高档心虚的走法。今日往上攻目标区 9888 点的时候，在这里越接近越是出在该出的时候，而非一味放大手数再加码，这就是风险利润比不利于多方的时候。

最慢于期指第一次下杀 108 点之后的反弹，您会发现约在 10：00 附近已经有 1000 亿以上的量能，也就是今日预估量能至少有 3000 亿以上。别人贪心之时，就是我们该害怕减码之时，这是千古不变的道理。

今日为一破三的高档暴量贯穿线，也就是今日买进去的人全部套牢，再加上明日 MA5 扣抵高值确立弯头往下，此时需注意 MA5 与 MA10 死亡交叉是否可以量缩做止跌，否则大概要往 MA20 去测试了。KD 指标负背信号告知明日会多头抵抗，抵抗不成，有机会做 90 分钟的杀多，小头就会成形。目前 9473 点缺口不宜回补，9337（就是末升低）的低点破了就会开始转为区间大震荡。

这里最快于周一才有机会承接多单，明日早盘反弹时可以续空，会有卖压产生，等候量缩止跌后再承接多单。行情时时有，等待也是一种修养。

2007 年 7 月 27 日 23：58

7 月 27 日大盘用铁的纪律保护交易资本

今日又大跌 400 多点，周一有机会下杀后于卖力瞬段中做反弹，但是两日的下跌已经让很多人受伤与断头（期货），所以是否会先来个清整浮筹再拉的动作呢？周一就是要等这个机会，该出场的人都出场了。

目前有机会是第四波的回档，所以准备找 B 波反弹与 C 波下跌这两段来做，等后量缩止跌的抢短再短多 3 天。目前资金控管是最重要的，纵使在大多头中的大回档也会让人重伤，把之前几个月赚的给赔回去。

给上次月线的波浪 1.618 处为主升段处，所以拉回为第四波，乃正常的预估。大区间震荡是很有机会的解释。月线本月 KD 死叉，下个月会做缩脚的多头抵抗机会，这是目前的规划，所以 7 月上影线、8 月下影线、9 月见万点后做大拉回（附图 17）。

附图 17

2007年7月29日10：07

期交所表示，由于昨日台指期重挫，保证金追缴动作不断，透过盘中对成交仓位洗盘来做防御动作，除了固定9：30、11：00及12：30三个时点的洗盘外，只要结算会员的权益数比应有保证金少，就会追缴保证金。

台北股市27日受到美股重挫影响，重挫404点，台指期更领先，大跌565点，跌破9000点关卡；本土期货市场（含期货与选择权）创下108.2693万手的最高成交量纪录。期交所宣布调高期货保证金金额，调幅约3成，从30日交易时段结束后实施。

这个规定就是要把快断头者、自动了断手数大的人自动减码，但是却会害死很多散户。周一卖压应该会很大，断头卖压再加上减码的人也要卖出来，所以周一会很惨烈，有点儿被期交所的政策给坑杀了吧？这就是市场的残酷，所以不是人人都有资格进入期货市场的，不适者请改做股票吧！

2007年7月30日20：10

7月30日大盘依照系统指示于卖压瞬断进场试单

上周四于解盘中暗示最快买点为本周一，不料上周五大跌，于周五解盘；再次依照规划，本周一第一次往下杀时，设好止损，进场买多单。一切依法进行，尊重系统的强大威力，每次有信号就去试单，一定会有所收获。

今日于下杀时，试短多单者于9050~9030点附近就是做多危险区，要先减码，不要忘记明日保证金调高的卖压不会这么快宣泄完毕，上周持有多单的人是否会在拉高时减码呢？于尾盘确定该洗的都洗出来后，您就会发现走势与早盘不一样，是很干脆的往上拉升。于尾盘又是摩根台湾指数结算，您不知道是否有特定人士会做掼压或拉升的动作，有多单者于此就要小心，今日只要有这些思考逻辑，可以轻易做两趟，至少每趟 60 ~ 80 点的利润，股市就是用很简单的供需原理与大众心理，以及用技术分析做确认与时效性的安排，就可以很轻松赚到钱。

只要本周大盘不再收破 8888 点这个长线法人成本点位，就是下跌 A 波结束，开始布局抢反弹的短波段多单 B 波，也就是只要接近 8888 点这里做好止损的准备，就可以切入多单抢约 288 ~ 388 点的反弹，到时候 B 波反弹无力，再顺势往下做 C 波的下跌。这是 8 月份的规划——大区间整理震荡盘。

以下为 3 ~ 7 月份大盘之走势，运用指标抓其转折说明：

总结 -1

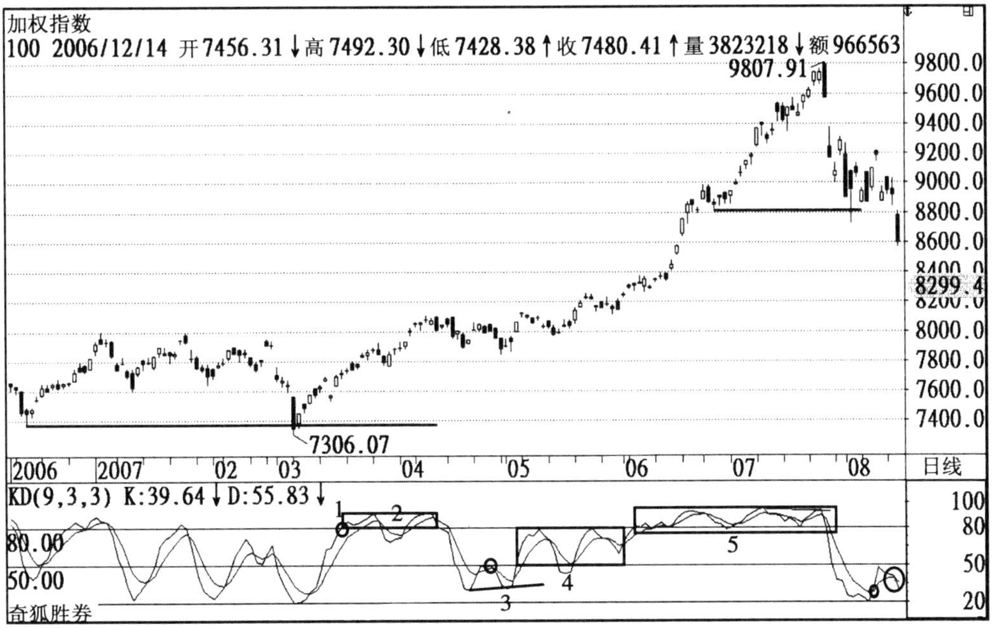

附图 18

（1）2007 年 3 月 5 日大盘跌破末升低之后，若无法再过高点，就是趋势改变的开始。2007 年 3 月 16 日 KD 指标进入轧空区，若止涨就要先出场观望，因为做头机会大增，但是大盘却续涨造成轧空走势（附图18）。

（2）第二区域的范围就是高档指标顿化，也就是轧空走势的延续，只要KD指标跌破轧空线80，就应该要做止跌，否则就是轧空结束后的拉回修正开始。

（3）之后第三区域就是利用缓慢的拉回，让KD指标由上往下扣抵低值后，自然地落入低档区，造成指标已经修正过，再者又发现KD指标底部背离的现象，只要往后低点没有跌破，就是持续往上走。

（4）第四区域跟第三区域的不同，就是原本在KD指标多空线50之下，现在已经在KD指标多空线50之上。代表趋势已经从盘跌转换成盘坚走势，只要日后到轧空区可以续涨，就是喷出走势的开始。

（5）第五区域又是KD指标到达轧空区续涨之后，开始造成指标在高档钝化，每次跌破轧空线80就见到买盘源源不绝进入，这就是轧空走势的最好印证。之后在高档出现带量大阴线又形成头部背离，此时就是减码之时。

（6）每次惯性改变时就要先减码以对，长期下来获利是可以持续递增的。跌破末升低之后只要反弹无力，就是可以逢高试空单的时候。使用指标就是先把大方向判断清楚，再使用较细微的部分，才不会本末倒置。

总结 –2

（1）2007年3月5日为DIF破零轴、柱状体也破低点时，同时也跌破末升低，若续跌则趋势扭转成空头，这里已经是中长线修正的底线。之后柱状体缩小，就开始进行反弹；若中长线大修正，则在大盘的DIF再次过零轴时就会止涨，这就是下次再接近此区域时，需要注意与观察的现象（附图19）。

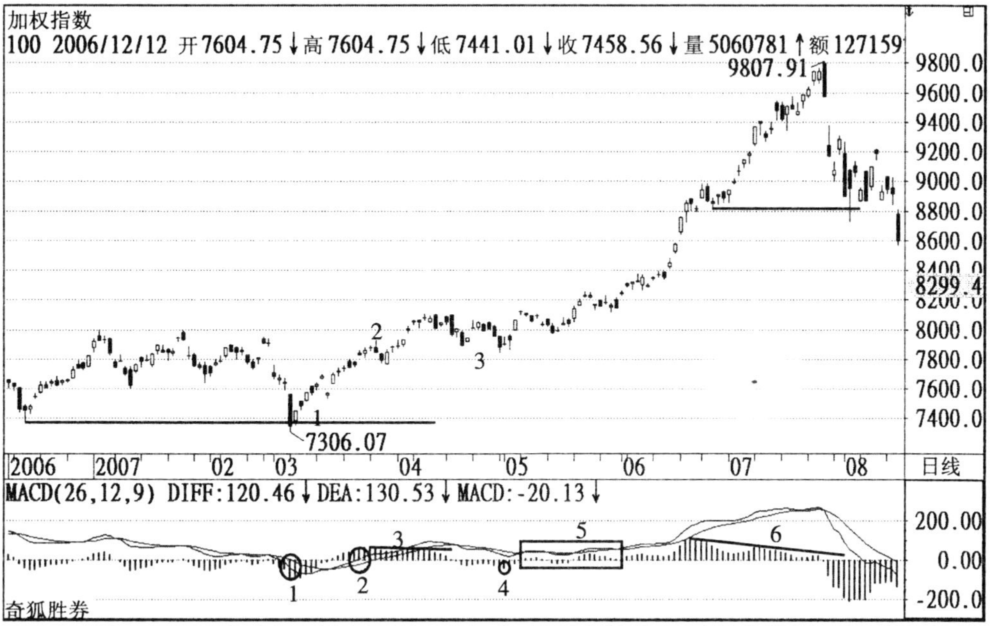

附图 19

（2）在第二区域我们发现 DIF 过零轴之后续涨，这告诉我们行情有机会再过前高了。过了前高后，我们发现柱状体有头部背离的现象，显示短线的力道转弱有修正的疑虑，此时 DIF 依然在零轴之上，只有先减码的动作。

（3）在第四区域我们发现股价修正了 A－B－C 三波，刚好柱状体也破低点，此时若能止跌，就是拉回买进的试单时机。任何技术分析都以保护自有资金为前提，只要认清每一种技术分析的优缺点，并了解自己最大损失会多少，该怎么做，就让指标信号告诉您吧！

（4）第五区域就是在 DIF 维持中多之下，柱状体在零轴死亡交叉做止跌，黄金交叉做止涨的盘坚走势，策略就是在中多保护之下，以拉回做止跌买进为主，不因为贪求赚回档的钱而散失多头参赛权。

（5）2007 年 6 月 15 日柱状体过前高不止涨，改变了惯性，就是盘坚结束、轧空开始的发动点。此时要在加码完毕后，抱牢持股，直到趋势有转弱不再轧空，才减码以对。

（6）在第六区域我们发现柱状体有背离的可能，但是，股价却没有带量大阴线的转弱迹象。这里的策略就是不再加码，可以分批减码。但是，没转弱前不可逆势放空，否则很容易被轧短空，认赔之后趋势就开始反转。

总结－3

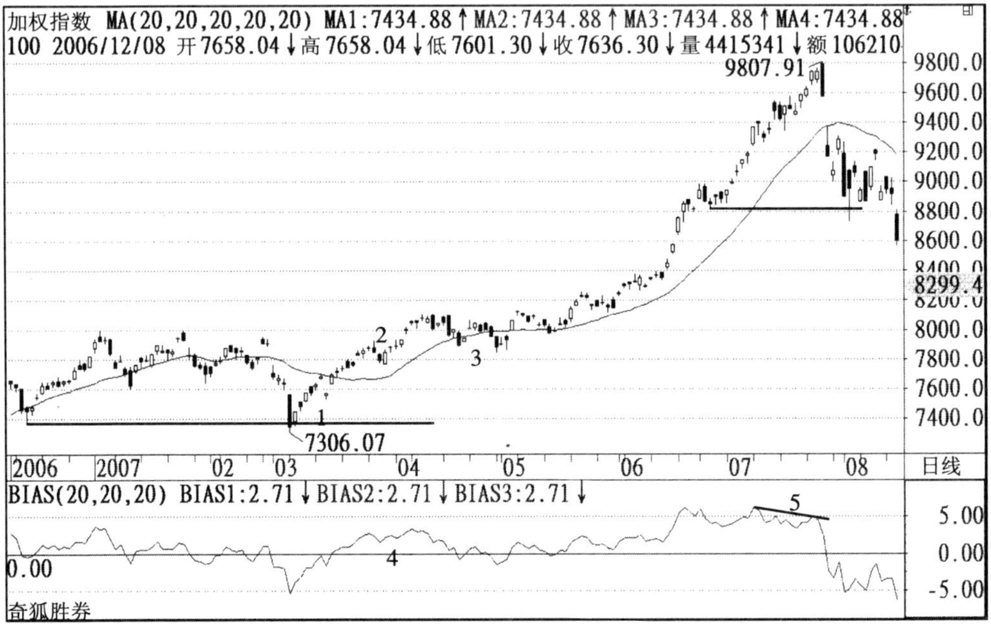

附图20

（1）2007年3月8日股价与5日均线黄金交叉后续涨，代表短线转强，只要守住近日低点就可以逢低切入买进。从5日均线扣抵低值来看，均线变成助涨的机会大增，只要守好止损，知道自己可以容忍的最大损失，便放手下单，不需要因为外面的杂音而停滞不前（附图20）。

（2）在第二区域我们发现5日均线与月均线黄金交叉，

代表中短线的成本一致，若能续涨就是中线稳定筹码支持继续上涨，只要把止损点往上移动到此黄金交叉所造成的平均成本即可，没有跌破就是继续往上看。

（3）第三区域就是股价在均线上下摆动，也就是股票跌破均线，不会有连续性的下跌；同样，股价突破均线也不会有连续性的上涨，这就是均线自然会走平的原因。此时应注意把区间的高低点画出来，接近箱顶与箱底都不可以因为心中的冲动而下单。

（4）整理的过程中，我们可以观察 BIAS 的现象，也就是每次 BIAS 过前高时，就是股价见高点之时，这就是盘坚的走势；若趋势改变就要改变此惯性。我们发现 2007 年 6 月 14 日开始改变此惯性，这就是告诉我们盘坚转成喷出行情就此发动，忠于自己的信号，执行下单去吧！

（5）在第五区域我们发现 BIAS 过 3.5 以上便一直维持与月均线乖离过大的走势，这就是轧空的写照，每次一跌破 4，接近 3.5 就会做止跌，之后再创新高。所以此惯性若改变，就是跌破 4 之后还续跌，外加上 BIAS 头部背离出现，就要小心轧空结束，之后就只剩不是盘整就是下跌的选项了。

以上就是利用书本所教的指标用法，加上思考逻辑与良好的资金控管，就可以在市场上赚到该有的利润。任何投资首重判断趋势，也就是六大盘态的了解与策略，之后就是技术分析的研读。要知道各指标系统原始参数设定的意义与想法，想通每个指标的优缺点，再依照自己喜好的指标操作。

投资路上就是不断摸索与修正自己的看法，学会指标之后，要知道指标出现什么信号，会有什么现象发生，若该发生的没有发生，就是自己判断错误，只要及时修正即可。投资路上最后的关卡是挑战自己的心魔与习性，只要把不好的观念与心态改正，再来就是持续做对的事，获利的累积与增加，自然就会让您实现个人经济自由的梦想。在此与每位读者共勉之，一起迈向财务自由的目标。

二、投资三部曲

投资三部曲就是先认识自己、充实该有的知识与技术分析、热忱地执行与实践投资事业。

（1）有人曾问希腊哲学家泰勒斯：“你认为人活在这个世界上，什么事情是最困难的？”

泰勒斯回答说：“认识你自己。”

这真是一句有哲理的名言！

（2）奴隶的价钱与知识的价值。

有人送他的儿子到阿里斯底波那里求学，阿里斯底波收500德拉克玛学费。

那人很不高兴地说：“这笔钱可以买个奴隶啊！”

阿里斯底波说：“如果你不把孩子送来，你将会得到两个奴隶。”知识就是力量，一点儿都不错！

（3）心有多大，世界就有多大；眼界有多广，路就有多长。

所谓“成功”，指的是热衷于自己想要做的事、自己所从事的工作，比任何人都来得精通，并让自己感到无限喜悦的精神状态。

三、投资的第一步要做什么？

投资朋友不知道是否思考过，投资的第一步要做什么？

若不清楚这一点，在投资路上就会有徬徨与迷失自我的时候。投资的第一步是学会技术分析吗？还是学会基本面分析？还是学会资金控管？还是……

投资的第一步首重认识自我。自己的个性适合哪一种投资，每个人可以承受的风险不同，熟悉的领域也不同，投资最重要的就是要认识自己，知道自己怕什么，为何而怕？

依照自己的习性去参加适合自己的投资品种，这一步是最难渡过的难关，过了就很容易海阔天空。

以下提供一些问题让大家了解自己是哪一种人。

（1）我是积极进取努力做投资功课的人吗？还是想要懒人投资法？

（2）我喜欢听小道消息做投资？我会收集资料并自我判断？

（3）我有不断学习的热忱？我是只要会一两种工具即可操作的人？

（4）我只用自己敏锐的直觉投资？还是会客观判断、正反思考？

（5）学会技术分析后，只要看到有信号一定都会下单？还是看对却不敢下单？

（6）我是只要做错就会立即止损的人？只有在我的控制之下，我才敢止损？

（7）利空一出现，因为一时犹豫而远离成本很多后，我就不知道要怎么做了？

（8）会为自己的投资设定目标，并在没有达到时改变策略以利达成自我目标？

（9）我喜欢预先规划投资项目？还是喜欢追逐很多人都去做的股票？

（10）我会先清楚明白投资标的的游戏规则？或者等被

追缴时才去了解？

（11）我会资金控管与规避风险？涨得越多我买得越多，不知道风险在哪儿？

（12）我喜欢站在制高点看全世界的脉动与造势，并从中找可以投资的标的？

（13）我喜欢买主流股、落后补涨股、放空弱势股，还是只买权值股？

（14）我会遵守纪律并每日检讨自己的优缺点，还是放任错误继续发生？

（15）我会持续做对的事情并用此方法赚到钱，或者用错的方式赚到钱也很快乐？

（16）我会不断跟赢家学习与请教，并让自己也能接近赢家的思考方式？

（17）我是固执、死脑筋、死不认错的人，我就是我，不可能改变？

（18）我经常被自己的情绪影响而做错误的投资？遇到利空我就会慌了？

（19）我会不断找寻投资的机会，让自己随时可以加入赚钱的行列？

（20）赚钱之后，我会拿一部分犒赏自己与家人，使赚的钱有价值？

（21）我会用不同方式强迫让自己的缺点改进，比如说会用程式的自动止损机制帮自己止损出去？

（22）我会把买进的止损与理由写起来，等到止损点或理由消失就出场？

（23）我做错后是否会找原因怪罪别人、抱怨别人让自己有理由做错？

以上种种问题，希望大家可以多多思考并借此了解自己，因为股市上最大的敌人通常就是自己。所以，先了解自己，才能投资适合自己属性的品种。

四、一起向诸葛亮学习十堂课

以下与期货跟股票都有相关，也是我经常提起的东西：

宁静的力量：做单不要有太多杂音。

节俭的力量：下单要量入为出，也就是不可以满仓或透支银行的信用额度。

计划的力量：盘前作战计划与重要事项的安排。

学习的力量：不断汲取赢家的思考逻辑，与赢家做朋友。

增值的力量：心念有多大，愿景就会有多大。

速度的力量：用最快最省力的方法学习，并快速获取利润。

性格的力量：培养赢家的性格。

时间的力量：每次都做对的事情，时间一久就会分出胜负。

想象的力量：爱因斯坦说："想象力比知识更有力量。"

培养想象力与创新的想法是投资最重要的事情。

精简的力量：精简地传递具体的信息，这是我写文章最常做的。

文章分享：

诸葛亮之《诫子书》：

"夫君子之行，静以修身，俭以养德；非淡泊无以明志，非宁静无以致远。夫学须静也，才须学也；非学无以广才，非志无以成学。淫慢则不能励精，险躁则不能冶性。年与时驰，意与日去，遂成枯落，多不接世，悲守穷庐，将复何及！"

五、期货与股票操作逻辑不太相同

德国股神说："资金＋心理＝行情。"心理面广义而言就是有题材与梦想便会引人心动。

期货技术分析要相当厉害才能赢，也就是七分以上靠技术分析即可，为何呢？因为期货是高杠杆，所以非常注重时效性。

股票则不同，有七分是需要心理面，也就是有题材与梦想就会引人心动。那学技术分析的目的呢？为了抓启动点（因为我们是小额资金者）也就是时效性占三分，主力手法等确实对个股很有用，若有操作股票和期货者，再多看看世界级的几位投资股神，就知道我讲的心法了。

给大家一些新思维与进步的空间，弄清楚为何要学技术分析——时效性，抓启动点。就是这么简单，但是不要忘记这一点：资金＋心理＝行情，这才是做股票的重点。

投资路上没有新思维与远见，会技术分析也不会大赚钱，因为您抱不住。

有新思维与远见，除非您是很大户，否则时效性是您赚钱的关键，所以没有技术分析，您的绩效不会太好。

六、相信系统、排除杂音去交易才会成功

有句西藏谚语说得好："能解决的事，不必去担心；不能解决的事，担心也没用。"

希望大家在看完本书的技术分析介绍，知晓指标的盲点

并做逆向思考之后，再来就是相信自己最常用、最熟练的指标，依照书中给予的思考逻辑去下单，每次都依照信号下单，才是本书内容所提及的指标，经过统计之后有八成胜率的结果。若是选择性相信自己的系统，依照经验就是大赔小赚居多。小赚就是开始远离成本，有轧空信号抱不住，很想卖怕少赚。大赔就是在转折处太看好所以套在高点，下跌一段时间后，害怕一卖出就反弹，所以不卖而一路跌下来就大赔。

以上内容分享先从认识自己开始，中间补充一些知识与赢家的思考模式，最后希望大家相信自己所学的系统，知道下单的风险有多少，守好止损点，该怎么做就怎么做。金融操作就是实践自我梦想的地方，了解自己与技术分析的盲点，剩下的只有不确定因素与事件的发生，而您可以做的就是控制您的资金分配，勇敢下单去吧！

作者下一部著作《箱波均控盘战法》的重点内容：

我们常说：凡走过必留痕迹，种什么因，得什么果。前世累积的福田厚实，今生就财富旺旺来；前世累积的福田薄弱，今生就得辛苦与辛劳。正所谓：事出必有因。我们可以借由前车之鉴，来推演后面可能的结果。技术图线也是如此，凡操作过必留痕迹。图形中的上涨次箱或下跌次箱（痕迹）就是转浪或逆转浪的关键处，也是支撑带与压力带之观察处。由兴到衰，或者否极泰来都有其多空循环的道理，股价如我们定义的“箱波均”不断的循环不已，若能以一贯之，制心一处，必能无事不成。

本书分为三章内容：第一章写箱波均控盘战法的基本理论介绍。所谓一元复始万象更新，任何事物都是由一而生，此为一生万法的道理。收盘价是多空交战最后的战果，利用收盘价的联机（也就是 1 日均线 = MA1）所形成的向上波动与向下波动来分析股价涨跌盘的方向是最恰当和适宜的，股价出现向上波动上涨的次箱为多头趋势动力的关键，在没有跌破前上涨趋势动力依旧。股价出现向下波动下跌次箱为空头趋势动力的关键，在没有升过前下跌趋势动力依旧。由于收盘价的联机是全世界各国任何投资品都会显示出来的线型，诸如原油、基金、商品期货、债券等都是以收盘价为投资报告，因此学会箱波均控盘战法就能看懂趋势，赢利便会轻松自如。

第二章写箱波均控盘战法的 16 招式，当读者把箱波均的基础理论建立之后，最重要的就是如何使用这些理论去实战，因此特地精心设计把理论转化成实战的招式，读者只要背诵简单的口诀，了解其使用的定义之后就能开始实战。从最简单写到实战整合运用，每一个招式可以独立使用，也可以联合使用，几乎所有的线图都能简单的用这 16 招涵盖。

当读者了解了箱波均的基础理论，理解了如何把理论转化成实战的招式，以及箱波均控盘战法的 16 招式，就可以建立坚定的交易信心。

第三章就是写箱波均控盘战法超越传统技术分析的终极圣杯，告诉你 K 线、形态、波浪、量能等的盲点与迷思，最后印证主力控盘的手法就体现在箱波均控盘战法里。

再好性能的汽车，如果驾驶者无法依照路况做适度对应的操控，也无法发挥汽车的性能，有时还难免发生失事的险况。所以，任何系统操作的成功条件皆以遵守纪律为第一，要完全依照信号行事，该进则进，该出则出，该停损则停损，绝不加入自己的想象与固执。因为，系统的操作机制是经过深思熟虑与无数的验证而得到的，自己的想象和固执是一时所生的情绪反应。孰优孰劣，孰可信孰不可信，一目了然。

可以影响市场的因素很多，以致多空趋势可能瞬息生变，这是我们第一个要建立的观念；不但不可固执原本的趋势，还要随时以变化调整计划。能够利用系统的机制来分析市场的变化，并立即顺应变化才是赢家。在所有操作系统上，面对所谓“该涨不涨”及“该跌不跌”的情况，皆叫做“异常”。发生“异常”时，经常是多空逆转的关键时刻，所以一定要诚实面对并立即处理。

1. 箱——指的是次箱的运用

（1）所有波动的关键在次箱，是决定本波波动阻断、收复以及次级波转浪成败的枢纽。

（2）次箱的攻防成败决定修正级数（或趋势级数）的扩大与否。

(3)由次箱逻辑可延伸为两段双箱、失败末段转浪临界箱、末测箱等，可依个人的操作目标与习惯灵活运用。

(4)画出关键的箱体，当作盘势转多转空的门坎；并以过而不破或破而不过的条件，单纯而客观地判别多空走向。因门坎唯一，故能捕捉到关键的点位作为交易点，这即是箱波均的操作特色之一。

2. 波——指的是N字a、b、c法则

(1)a是突破，是逆转段也是趋势段；b是回撤，是修正段；c是攻击，是趋势段。

(2)看盘重点在b段与c段，其中回撤与攻击各有成功、瑕疵、失败三种情况之定义与控盘逻辑。利用此定义可以轻易发现波动的末段或缺口。这是箱波均的操作特色之二。

(3)针对N字收敛、扩张、重迭三种修正形态，定义次级波转换规则。画出次级波波动的折线，就能掌握波动级数扩大后的长线机会。因为在急涨急跌的形态中，中长期均线常常无明显转折，此时画出的次级波动折线，能显现出中长线波动阻断或趋势转弱的先机。这是箱波均的操作特色之三。

3. 均——指的是行情的级数

是指一段趋势段或修正段的级数，也是指一波趋势波动或修正波动的级数。

(1)行情级数混乱，使人不知身在何处；无法居高思危，也无法决定操作目标的周期。

(2)行情级数的具体表现在均线。

(3)行情级数在操作上最理想应掌握：收盘线、5MA、20MA、60MA四级。

(4)所谓层层波动层层均，故而波不离均，均不离波。利用前述a、b、c法则配合级数转换规则，便能知长短线各级别的多空波动。这是箱波均的操作特色之四。